# L'évolution du langage de l'enfant

## De la difficulté au trouble

# L'évolution du langage de l'enfant

## De la difficulté au trouble

### Guide ressources pour les professionnels

Marc Delahaie

www.inpes.sante.fr
inpes
éditions

Direction de la collection **Thanh Le Luong**

Édition **Jeanne Herr**

**Institut national de prévention**
**et d'éducation pour la santé**
42, boulevard de la Libération
93203 Saint-Denis cedex France



Citation recommandée : Delahaie M. *L'évolution du langage de l'enfant.*
*De la difficulté au trouble. Guide ressources pour les professionnels.*
Saint-Denis : Inpes, 2009 : 84 p.

ISBN 978-2-9161-9218-5

Conception graphique originale **SCRIPTA** – Céline Farez, Virginie Rio
Illustration de couverture **Pascal Finjean – Atelier Contrefish**
Maquette et réalisation **DESK**
Photogravure et impression **Fabrègue**
État des données : août 2009
Juin 2004 – Deuxième édition décembre 2009

## L'auteur

**Marc Delahaie** a longtemps enseigné en qualité d'instituteur spécialisé auprès d'enfants et d'adolescents en grandes difficultés de lecture. Docteur en sciences cognitives et médecin phoniatre, ses travaux sont orientés vers le développement de protocoles de remédiation des difficultés de lecture-écriture auprès d'enfants dyslexiques, ainsi que vers le repérage précoce des troubles développementaux du langage écrit.

## Coordination éditoriale

**Sandrine Broussouloux**, chargée de mission, coordinatrice du programme « Santé des enfants et des jeunes », Inpes

## L'auteur remercie

Pour leur contribution à cet ouvrage :

- **Patrice Gillet**, psychologue spécialisé en neuropsychologie, Centre de Ressources Autisme, Service universitaire d'explorations fonctionnelles et de neurophysiologie en pédopsychiatrie, CHRU Bretonneau-Tours
- **Frédérique Lefèvre**, chargée de mission, Bureau des écoles, Degesco

Pour leur relecture attentive et les précisions apportées lors de la première édition de cet ouvrage :

- **Viviane Bouysse**, inspectrice générale de l'Éducation nationale
- **Claude Chevrie-Muller**, directeur de recherche émérite, Inserm
- **Marie-Claude Courteix**, inspectrice pédagogique régionale chargée de l'adaptation scolaire et de la scolarisation des élèves handicapés, académie de Créteil
- **Liliane Sprenger-Charolles**, directeur de recherche au laboratoire d'études sur l'acquisition et la pathologie du langage chez l'enfant, CNRS, université René Descartes, Paris

Pour leur soutien apporté à cette deuxième édition :

- **Annick Fayard**, directrice du développement de l'éducation pour la santé et de l'éducation thérapeutique, Inpes
- **Claire Méheust**, directrice des éditions et des stratégies de diffusion, Inpes
- **René Macron**, chef du bureau des écoles, Dgesco
- **Thanh Le Luong**, directrice générale, Inpes

# Sommaire

# Avant-propos

*En termes de prévalence, les troubles des apprentissages du langage concernent 4 à 5 % des enfants d'une tranche d'âge et, parmi eux, 1 % sont atteints de troubles sévères. Plus concrètement, il y aurait* au moins un enfant *atteint de troubles plus ou moins sévères par classe. Il est donc impératif de favoriser le repérage et le dépistage. C'est pourquoi les troubles du langage chez l'enfant, et au-delà, les troubles des apprentissages, sont devenus une véritable* question de santé publique*. Aussi, en mars 2001, un plan d'action interministériel* a été rendu public. Articulé autour de* cinq axes prioritaires *(« Prévenir dès la maternelle », « Identifier les enfants porteurs d'un trouble spécifique du langage oral et écrit », « Prendre en charge », « Informer, former, rechercher, évaluer », « Assurer le suivi du plan d'action »), il comprend 28 mesures destinées à favoriser, chez tous les enfants, la maîtrise du langage oral et écrit en vue d'une insertion sociale et professionnelle réussie.*

*Dans le cadre du quatrième axe prioritaire de ce plan (« Informer, former, rechercher, évaluer »), le CFES et, à sa suite, l'Inpes, ont été sollicités pour mettre en oeuvre* un plan de communication *– à destination des professionnels éducatifs, sanitaires et sociaux mais aussi du grand public – sur l'existence des troubles du langage de l'enfant. Le présent ouvrage occupe une place centrale dans le premier volet du plan de communication de l'Inpes, qui concerne plus particulièrement les professionnels éducatifs, sanitaires et sociaux. Son ambition est de dresser l'état actuel des connaissances sur le développement*

* Ce plan d'action a fait l'objet de la circulaire n° 2002-024 du 31 janvier 2002 publiée au Bulletin officiel de l'Éducation nationale n° 6 du 7 février 2002. Les objectifs et l'évaluation de ce plan d'action sont repris dans l'objectif 96 du projet de loi d'orientation en santé publique voté en deuxième lecture à l'Assemblée nationale le 29 avril 2004.

*du langage et les troubles spécifiques, considérés sous plusieurs angles (pédagogique, socioaffectif et neurologique). Il s'agit d'un* outil de clarification théorique *destiné non pas aux spécialistes de la question, mais aux personnels de l'éducation et de la santé (enseignants, psychologues, infirmières et médecins scolaires, pédiatres, médecins généralistes...) confrontés à des interrogations et à des questionnements dans leurs pratiques quotidiennes.*

*Édité et diffusé à 140 000 exemplaires depuis juin 2004, cet ouvrage était épuisé. Cependant, comme ce document continue de nous être demandé et que l'intérêt que porte l'Inpes à ce sujet ne faiblit pas, nous avons pris la décision de le réactualiser et de vous en proposer une deuxième édition.*

# Introduction

*Depuis une trentaine d'années, l'institution scolaire et les professionnels de la santé s'efforcent de prendre la mesure des difficultés rencontrées par certains enfants dans l'accès au langage oral et écrit, et parfois des troubles qui affectent son développement. Cette attention s'explique par l'importance de la maîtrise du langage comme* élément fondamental *de l'épanouissement de la personnalité de l'enfant, de sa réussite scolaire, de son intégration sociale et de sa future insertion professionnelle.*

*Pendant cette même période, les chercheurs en sciences humaines, en particulier les linguistes et les psychologues, ont très attentivement étudié l'évolution du langage chez l'enfant. Ces recherches ont abouti à la* construction de cadres théoriques *délimitant un vaste champ de savoirs scientifiques actuellement largement partagés par les professionnels de la santé et de l'éducation. Mais l'évolution du langage chez l'enfant est un sujet étendu et extrêmement complexe ; certains de ses aspects restent peu explorés et posent encore problème, y compris aux spécialistes du sujet. Dès lors, on peut imaginer les difficultés de compréhension des situations et d'actualisation des connaissances que peuvent rencontrer les personnes non spécialistes, en particulier celles qui travaillent quotidiennement au contact des enfants, que ce soit dans le champ de l'éducation ou de la santé.*

C'est justement à ces *professionnels de terrain* que cet ouvrage s'adresse en priorité. Son objectif est de proposer une synthèse de connaissances et de pratiques sous une forme accessible. Cette perspective implique des choix en termes de forme et de contenu. Sur le plan de la forme, il n'est pas question de discuter ici de la validité de tel ou tel résultat récent de la recherche en neuropsycholinguistique (il s'agit là de l'affaire d'un nombre très restreint de spécialistes), mais plus simplement de proposer des notions consensuelles, pédagogiques et opérationnelles dans les champs de la santé et de l'école. Concernant le contenu, il faut définir des priorités. Certains aspects de l'évolution du langage chez l'enfant nous semblent incontournables dans le cadre de cet ouvrage, d'autres en revanche ne nous paraissent pas avoir le même caractère fondamental : c'est par exemple le cas du bilinguisme qui n'est pas abordé dans ce document.

Étant donné que le langage est un phénomène qui suppose toujours l'intrication de facteurs développementaux et acquisitifs, il nous a semblé plus pertinent d'utiliser pour le titre de cet ouvrage le *terme neutre d'« évolution »* que celui de « développement », qui peut suggérer un processus déterminé surtout par des facteurs internes, génétiques, ou celui « d'acquisition », qui risque de laisser croire à une influence prépondérante de facteurs liés à l'environnement.

Le développement est plus particulièrement abordé dans le premier chapitre où sont résumés les aspects normaux de l'évolution du langage oral et écrit. Le second chapitre, centré sur les facteurs d'acquisition du langage oral et écrit, aborde successivement les aspects socioaffectifs et pédagogiques. Leur analyse nous a conduit à évoquer la notion fondamentale de « difficulté langagière ». Une attention particulière a été portée au rôle de l'école qui intervient en « première ligne » dans les actions de repérage, d'évaluation et de remédiation des difficultés langagières orales et/ou écrites.

Mais les difficultés langagières de l'enfant peuvent également être révélatrices d'un processus pathologique. Dans un tel contexte, la notion *spécifiquement médicale* de troubles du langage se substitue à la notion de difficultés langagières. Les troubles de l'évolution du langage, qui font l'objet du troisième chapitre de cet ouvrage, peuvent être secondaires à une autre pathologie (une surdité, par exemple), mais ils peuvent également s'inscrire dans le cadre de troubles spécifiques du langage qui affectent, dans les formes sévères, près de 1 % de la population d'âge scolaire.

Nous verrons qu'il s'agit là d'un réel problème de santé publique impliquant le développement d'actions médicales de dépistage, de *diagnostic et d'élaboration de projets thérapeutiques. Ce problème suppose également la nécessaire mise en cohérence des pratiques cliniques, médicales et psychopédagogiques, dans le respect des identités professionnelles.*

**Patrice Gillet et Marc Delahaie**

# Les principales étapes de l'évolution du langage

Dans les sciences de la vie, la variabilité n'est pas une exception, mais la règle. Toutefois, l'évolution du langage oral chez l'enfant est en moyenne d'une remarquable régularité. À neuf mois environ, l'enfant comprend des consignes simples ; vers un an, il prononce ses « premiers mots » ; vers dix-huit mois, il organise ses premières combinaisons ; vers trois ans, il utilise les principaux modèles de phrases et les principaux outils grammaticaux (déterminants, prépositions, conjonctions).

Vers l'âge de cinq ans et demi, six ans, l'enfant a atteint un degré suffisant de maîtrise de la langue orale dans ses différentes composantes pour aborder l'apprentissage de la lecture.

L'évolution du langage écrit se déroule quant à elle avec une étonnante rapidité : les principaux savoirs et savoir-faire du lire-écrire sont acquis en deux ans en moyenne. Cet intervalle de temps correspond en France au CP et au CE1.

L'évolution du langage oral puis du langage écrit s'inscrit par ailleurs dans un cadre développemental global. Quand il apprend à parler l'enfant apprend aussi à marcher, à utiliser les objets, à jouer à faire semblant, à dessiner. Ces acquisitions se réalisent de concert pendant les deux premières années de la vie et fournissent à l'enfant un bagage cognitif non négligeable quand il entre à l'école maternelle. Plus tard, en grande section de maternelle quand l'enfant aborde le langage écrit en apprenant l'alphabet, à écrire des lettres, copier des mots et reconnaître (visuellement) des mots écrits, il possède dans son registre cognitif tout un savoir-faire pour communiquer ses intentions et décoder les intentions de l'adulte, pour encore maintenir son attention, dessiner en particulier les formes géométriques dites élémentaires, comme le cercle, le rectangle, le triangle. Il se déplace avec aisance et joue volontiers avec ses pairs. Le tableau suivant rapporte un certain nombre d'habiletés acquises en fonction de l'âge dans les domaines du langage, de l'autonomie, de la socialisation et de la motricité globale et fine.

**TABLEAU 1**

**Exemples d'acquisitions en fonction de l'âge**

| Langage | Motricité fine et globale | Sociabilité |
|---|---|---|
| **0-1 an** | **0-1 an** | **0-1 an** |
| Répond à la voix par l'immobilisation.<br>Vocalise en réponse.<br>Tourne la tête immédiatement pour regarder la personne qui parle.<br>Vocalise en manipulant ses jouets.<br>Utilise des émissions vocales pour attirer l'attention.<br>Vocalise plusieurs syllabes bien définies (pa, do, mé...).<br>Dit un mot de deux syllabes (« papa », « dodo »...). | Saisit un objet ou petit jouet en ratissant.<br>Tient deux jouets : un dans chaque main.<br>Saisit une pièce entre le pouce et l'index.<br>Retrouve le jouet sous une serviette.<br>Soutenu, fait des mouvements de marche.<br>Se prête à l'habillage. | Sourires réponses.<br>Sourit face au miroir.<br>Réagit à l'appel de son prénom.<br>Regarde ce qui est montré du doigt par l'adulte.<br>Participe aux jeux coucou-caché. |
| **1-2 ans** | **1-2 ans** | **1-2 ans** |
| Dit cinq mots.<br>Identifie (montre ou donne) des objets ou des images.<br>Dit « non ».<br>Fait des phrases de deux mots (un nom et un verbe, deux noms).<br>Peut écouter une courte histoire (5 minutes). | Gribouille.<br>Fait des encastrements simples de formes.<br>Fait une tour de deux cubes (14 mois), de cinq cubes (20 mois).<br>Utilise la cuillère.<br>Pousse du pied le ballon.<br>Tourne les pages d'un livre.<br>Court avec des mouvements coordonnés.<br>Se tient sur un pied (avec aide). | Enfile ses chaussures.<br>Joue parmi les autres.<br>Montre du doigt ce qui l'intéresse.<br>Joue à faire semblant.<br>Demande à aller aux toilettes.<br>Indique une préférence quand on le fait choisir. |
| **2-3 ans** | **2-3 ans** | **2-3 ans** |
| Fait des phrases de trois mots.<br>Utilise son prénom quand il parle de lui.<br>Dit « je ».<br>Utilise des articles (« la », « une »...), des pronoms (« tu », « il », « elle »...).<br>Comprend des prépositions telles que « dans », « sur », « dessous », derrière ».<br>Raconte ce qui lui est arrivé en termes simples.<br>Dit cent mots reconnaissables.<br>Pose des questions : « Quoi ? Où ? Pourquoi ? Qui ? » | Fait une tour d'une dizaine de cubes.<br>Réalise des constructions à l'aide de cubes (imite un pont de trois cubes).<br>Réalise des puzzles de 4-6 pièces.<br>Dessine des traits verticaux et horizontaux, un cercle.<br>Visse et dévisse le couvercle d'un récipient.<br>Pédale sur un tricycle.<br>Descend les escaliers en alternant les pieds. | A des préférences amicales.<br>Reconnaît quand il est heureux, quand il a peur, quand il est en colère ou triste.<br>Est propre la nuit.<br>S'affirme.<br>Anxiété de séparation, a un doudou. |

| 3-4 ans | 3-4 ans | 3-4 ans |
|---|---|---|
| Parle par phrases complètes.<br>Articule clairement sans substitution de sons.<br>Récite la suite des premiers chiffres. | Dessine un bonhomme « têtard ».<br>Dessine un cercle et des traits obliques, copie une croix.<br>Utilise le pinceau.<br>Se brosse seul les dents.<br>Met ses chaussures au bon pied sans aide.<br>Fait un puzzles d'au moins six pièces.<br>Utilise une gomme sans déchirer le papier.<br>Coupe un morceau de papier avec des ciseaux. | A un groupe d'amis.<br>Reconnaît quand il est triste, heureux.<br>Joue à des jeux à règles.<br>Invente des histoires. |
| **4-5 ans** | **4-5 ans** | **4-5 ans** |
| Raconte des histoires connues.<br>Répond au téléphone.<br>Répète des phrases complexes.<br>Cite une émission TV.<br>Nomme les couleurs.<br>Dénombre et compte (5). | Colorie sans déborder.<br>Utilise une gomme.<br>Copie un carré.<br>Tient en équilibre sur un pied.<br>Sautille.<br>Se mouche seul.<br>Dessine une croix, un carré, un triangle, un bonhomme.<br>Plie une feuille de papier.<br>S'essuie avec une serviette. | Prête ses jouets.<br>Suit les règles de jeu.<br>Peut rester attentif.<br>Joue à des jeux de société.<br>A un groupe d'amis.<br>Évoque les prénoms de ses camarades de classe.<br>Respecte les règles de la collectivité (cantine, sorties).<br>Se met à la place de l'autre.<br>S'identifie aux « héros ou héroïnes ».<br>Tolère la séparation d'avec ses parents. |
| **5-6 ans** | **5-6 ans** | **5-6 ans** |
| Récite par cœur les lettres de l'alphabet.<br>Recopie sept lettres.<br>Lit trois panneaux (publicité).<br>Lit son prénom.<br>Compte jusqu'à 10-15. | Dénomme et désigne les parties du corps.<br>Distingue la droite de la gauche sur lui.<br>Tient bien le crayon.<br>Attache ses lacets.<br>Dessine un triangle, un losange, une maison, un bonhomme.<br>Écrit son prénom (lettres majuscules).<br>Prend un bain sans aide. | Aide à la préparation des plats.<br>A un groupe d'amis.<br>S'excuse de fautes. |
| **6-7 ans** | **6-7 ans** | **6-7 ans** |
| Dit sa date d'anniversaire.<br>Donne son adresse.<br>Apprend à lire.<br>Donne le jour de la semaine.<br>Écrit dix mots sans modèle. | Copie un losange.<br>Dessine un bonhomme complet.<br>Fait du vélo.<br>Utilise les couverts correctement (couteau, fourchette). | Respecte les feux de signalisation.<br>Participe aux jeux d'équipe avec des règles.<br>A un ami. |

## I. LES PRINCIPALES ÉTAPES DE L'ÉVOLUTION DU LANGAGE ORAL

Deux périodes essentielles sont repérables dans l'évolution du langage oral : la période prélinguistique et la période linguistique proprement dite. Leur succession est d'une remarquable régularité ; toutefois, les limites intermédiaires de ces périodes sont relativement arbitraires[1].

### A. La période prélinguistique

La prononciation des premiers mots émerge en moyenne vers 10-12 mois. Cependant, avant cet âge, le nourrisson

1. Les repères chronologiques classiques de l'évolution du langage ne concernent en moyenne que 50 % des enfants. Ainsi, si environ 50 % des enfants prononcent leurs premiers mots vers l'âge de 10-12 mois, certains sont plus précoces, d'autres plus tardifs. Dans certaines limites, ces différences interindividuelles ne sont pas pathologiques.

est particulièrement actif : il va apprendre à reconnaître les phonèmes[2] de sa langue, ainsi que les principaux mots familiers, avant même de pouvoir les prononcer. La période prélinguistique – qui dure en moyenne jusqu'à l'âge de 12-18 mois – constitue ainsi une phase d'« initialisation » du langage oral.

## 1. L'apprentissage des phonèmes

L'apprentissage des phonèmes de la langue est lié à une capacité innée de percevoir l'ensemble des contrastes sonores utiles pour la parole. Par exemple, les sons consonnes /b/ et /d/ sont deux phonèmes dont les caractéristiques acoustiques sont très proches. Ces deux sons doivent être distingués en français, ils doivent être perçus de façon « catégorielle » (ils appartiennent en effet à des catégories différentes), sinon on ne pourrait pas faire la différence entre les mots « dent » et « banc ».

On a pu montrer que le nourrisson de quelques jours est parfaitement sensible à ce type de différence. Plus étonnant, cette capacité a également été observée chez des foetus de 36-40 semaines. On a aussi observé que les nourrissons sont sensibles aux contrastes phonétiques de toutes les langues. Ainsi, les nourrissons de langue maternelle anglaise sont sensibles à des contrastes phonétiques utilisés en hindi et en salish (langue amérindienne) mais qui n'appartiennent pas à l'anglais. Les adultes de langue anglaise sont en revanche totalement insensibles à ces contrastes.

Cette capacité à distinguer les contrastes phonétiques de toutes les langues du monde régresse au cours de la première année de vie.

À partir de l'âge de six mois environ, les nourrissons vont progressivement perdre cette capacité à distinguer les contrastes non pertinents pour leur langue maternelle au contact de cette dernière. Une conséquence logique de cette évolution est par exemple que l'adulte de langue japonaise est insensible au contraste phonétique /r/ – /l/ utilisé en français, mais non en japonais (l'adulte japonais ne fait pas de différence « à l'oreille » entre les mots « roue » et « loup », alors que le nourrisson japonais dispose, au cours de ses quatre à six premiers mois de vie, de cette capacité).

Toutefois, ces aptitudes perceptives contrastent avec un appareil phonatoire qui, chez le nourrisson, n'est que partiellement développé[3]. La configuration du conduit vocal (pharynx et cavité buccale) est en effet différente de celle de l'adulte.

La conformation du conduit vocal évolue rapidement au cours des six premiers mois de la vie, puis de façon plus lente pour se rapprocher d'une conformation adulte vers l'âge de deux ans. Ainsi, jusqu'au cinquième ou sixième mois, la progression

**2.** Les phonèmes sont les sons élémentaires de la parole. La production de la langue orale française exploite une gamme de **36 phonèmes** parmi lesquels on distingue 17 phonèmes consonnes, 16 phonèmes voyelles et 3 glides :
- **les voyelles** sont toutes sonores (exemples : /a/ ou /i/). Leur production est accompagnée de vibrations des cordes vocales. De plus, lors de cette production, l'air ne rencontre aucun obstacle sur son passage dans la bouche ;
- **les consonnes** sont réparties en deux séries, l'une **sonore** (exemples : /b/ ou /d/), avec vibration des cordes vocales, l'autre **sourde** (exemples : /p/ ou /t/) sans vibration des cordes vocales ;
- **les glides**, encore appelés semi-consonnes (ou semi-voyelles), sont phonétiquement très proches des voyelles (exemples : /j/ dans « pion », /w/ dans « roi », /ɥ/ dans « nuit »).

**3.** Par appareil phonatoire, on désigne l'ensemble des organes sollicités pour l'émission des sons de la parole. Aucun de ces organes n'est exclusivement réservé à la phonation.

## L'appareil phonatoire

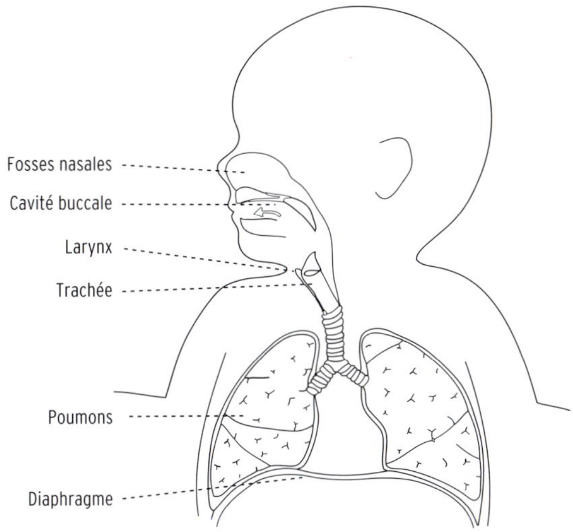


Le fonctionnement de l'appareil phonatoire est comparable dans son principe à celui d'un instrument à vent.

- Les poumons fournissent l'air sous pression qui fait alors vibrer les cordes vocales (deux membranes fixées dans la cavité du larynx). Ces vibrations sont à l'origine de la production des sons qui sont plus ou moins intenses en fonction de la pression de l'air et plus ou moins aigus en fonction de la fréquence des vibrations (nombre de vibrations par seconde).
- Le son produit est ensuite modifié : certaines fréquences sont sélectionnées ou renforcées par l'intervention d'organes mobiles (la langue, les lèvres, le voile du palais, voire la luette) permettant d'agir sur des résonateurs qui - comme leur nom l'indique - jouent le rôle de caisses de résonance. Parmi ces résonateurs, la cavité buccale intervient constamment. Son volume peut en effet varier grâce à la plasticité de la langue qui peut se rapprocher en avant des dents supérieures, du palais et, tout en arrière, du voile du palais.

L'intervention d'autres résonateurs est plus inconstante. Ainsi, les fosses nasales ne peuvent intervenir que par l'abaissement du voile du palais et l'espace entre les lèvres (espace interlabial) n'est mobilisable que par la projection en avant et l'arrondissement des lèvres.

## Le conduit vocal chez le nourrisson et chez l'adulte

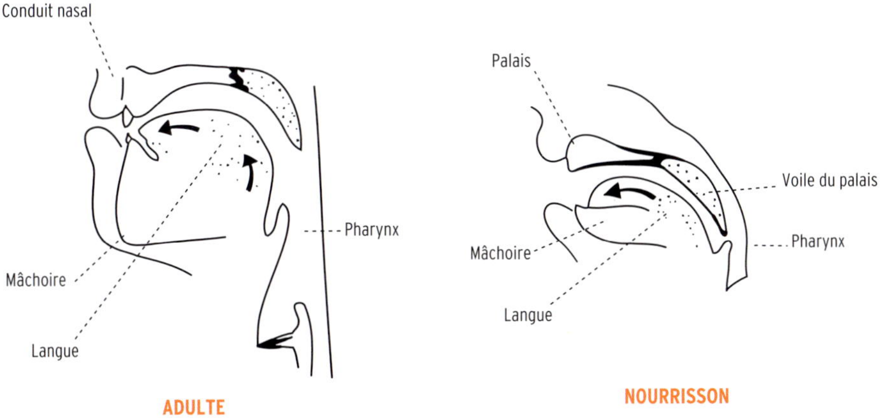


Chez le nouveau-né, le canal oropharyngé (cavité buccale et pharynx) descend en pente douce vers la glotte alors que chez l'adulte, il forme un angle droit. Le larynx est situé en position plus haute que chez l'adulte. Cette conformation particulière tend à résoudre les problèmes de déglutition, mais elle réduit l'espace pharyngé qui constitue un des résonateurs les plus importants dans la phonation (production des sons). La cavité buccale est plus courte, plus large et presque entièrement occupée par la langue. Elle est, bien sûr, dépourvue de dents.

Source : V. Woisard-Bassols, « Bilan clinique de la voix ». EMC Oto-rhinolaryngologie, 20-753-A-10, 2000, page 12.

dans la production des sons est principalement déterminée par des contraintes physiologiques.

Aux vocalisations réflexes (soupirs, gémissements, bâillements, cris...) se mêlent rapidement, selon certains auteurs dès le deuxième mois, des séquences de sons constituées de syllabes « primitives ». Le bébé joue avec sa voix et étend sa « gamme ». On voit ainsi apparaître progressivement des sons très graves et, à l'inverse, des sons très aigus dans des effets de contraste qui touchent également les niveaux d'intensité : des hurlements succèdent à des murmures. En s'exerçant aux mouvements de la glotte, des lèvres et de la langue, le bébé prend ainsi progressivement le contrôle de son appareil phonatoire. Entre quatre et six mois, le babillage du bébé est dit « rudimentaire ».

Vers l'âge de six mois environ, il devient capable de contrôler ses ajustements phonatoires et commence à pouvoir interrompre ses vocalises à volonté. Il entre alors dans une phase dite de « babillage canonique »[4]. Le respect des contraintes des syllabes de la langue maternelle rend compte du fait que le nourrisson peut à cet âge produire des syllabes simples de type consonne-voyelle qu'il peut grouper pour émettre des suites répétitives (suites de /ba/, de /da/, de /ma/...). On note dans cette période une préférence pour les consonnes occlusives (ex. : /p/, /b/, /t/, /d/), les consonnes nasales (ex. : /m/) et les voyelles les plus ouvertes (ex. : /a/).

**4.** Le contenu et la variété du babillage canonique dépendent du langage entendu dans l'environnement du bébé.

## 2. L'apprentissage des mots

Les sons de la langue sont organisés en mots eux-mêmes organisés en morphèmes (les plus petits éléments porteurs de sens). Ainsi, le mot « danseur » est constitué de deux unités de signification : « dans- » qui indique la nature de l'action et « -eur » qui apporte une information relative au genre (masculin) de l'agent de cette action. Chacune de ces unités est un morphème.

On distingue deux sortes de morphèmes :

– **les morphèmes lexicaux** (encore appelés lexèmes) qui constituent une marque d'appartenance à une famille de mots ;
– **les morphèmes grammaticaux** qui constituent des marques des variations de la forme des mots selon les catégories du nombre, du genre, de la personne, du temps...

Exemple : les mots « danseur », « danseuse » et « danser » appartiennent à la même famille, dont la marque est portée par le morphème lexical « dans- ». En revanche, les morphèmes « -eur », « -euse » et « -er » sont des morphèmes grammaticaux qui marquent respectivement le masculin, le féminin et l'infinitif. Certains mots sont uniquement constitués d'un morphème lexical (« fleur », par exemple) ou d'un morphème grammatical (les pronoms personnels « je », « tu », « il »...).

Le nourrisson ne doit sélectionner et apprendre que quelques dizaines de phonèmes dans le répertoire universel, alors que le nombre de mots d'une langue est de l'ordre de la centaine de milliers. La question de l'apprentissage des mots apparaît d'emblée comme très différente de celle de l'apprentissage des phonèmes.

Contrairement au cas des phonèmes, il n'existe en effet pas de répertoire qui contiendrait tous les mots de toutes les langues du monde et dont on pourrait supposer que les enfants les connaissent à la naissance. Il n'existe pas d'autre solution que l'apprentissage. Heureusement, le nourrisson est équipé des compétences intellectuelles nécessaires à cet apprentissage.

Pour lui, la principale difficulté est de reconnaître les mots de la langue maternelle dans un flot de paroles qui ne contient pas de marque évidente de frontières entre les mots. Mais il s'appuie sur trois caractéristiques du langage oral pour progresser dans son apprentissage :

- **les « contraintes phonotactiques »** : certaines séquences de phonèmes marquent nécessairement une frontière entre les mots. Ainsi, en français, la séquence de phonèmes /r/ /t/ /p/ est impossible en milieu, en début ou en fin de mot ; elle nécessite donc une séparation de mots entre les phonèmes /t/ et /p/ (comme dans l'exemple « carte perdue ») ;
- **les « régularités distributionnelles »** : pour le nourrisson, plus les suites de sons sont utilisées fréquemment, plus elles ont de « chances » de constituer un mot. Ainsi, la séquence de trois syllabes « py-ja-ma », utilisée fréquemment et dans de nombreux contextes, constitue un meilleur « candidat mot » que la séquence de même longueur « lo-ca-tion », utilisée plus rarement et dans peu de contextes ;
- **la « prosodie de la parole »** : il s'agit pour le bébé d'exploiter l'intonation[5] et le rythme de la parole pour découvrir les contours des mots. Lorsque nous parlons, nous ne prononçons pas toutes les syllabes et tous les mots au même rythme et sur le même ton. Nous réalisons des regroupements prosodiques. Ainsi, la découverte de certaines frontières entre les mots peut provenir de l'intonation, et ce dès les premiers jours de vie. Le bébé dispose de l'ensemble de ces informations au plus tard vers l'âge de onze mois en moyenne (l'âge du début de l'acquisition des mots).

5. L'intonation est porteuse de sens : elle exprime nos émotions (colère, ironie, impatience…) mais traduit également la nature d'une phrase (exemple : phrase interrogative). Ainsi, la phrase « Tu laves ta voiture » pourra être produite en exprimant des émotions diverses (par exemple, la surprise parce que cette voiture est en fait déjà très propre) et selon quatre modes possibles (phrase déclarative, impérative, exclamative ou interrogative).

## B. La période linguistique

La période linguistique est caractérisée à son début par l'acquisition d'un premier capital de mots et par l'apparition d'énoncés rudimentaires qui libèrent l'enfant des contraintes du geste et/ou de la mimique, jusqu'alors indispensables pour communiquer. À partir de l'âge de trois ans environ, l'enfant va progressivement abandonner les structures rudimentaires et s'approprier des constructions linguistiques de plus en plus conformes au langage de l'adulte. Cette évolution qualitative s'accompagne d'une évolution quantitative importante sur le plan du vocabulaire.

Les premiers mots produits véhiculent un sens que l'enfant généralise à plusieurs objets ou situations qui présentent des caractéristiques communes. Par exemple, le mot « dodo » peut signifier « Je vois un lit », « Mon frère dort » ou encore « Je veux aller au lit ». À ce stade du mot-phrase, le langage ne peut se suffire à lui-même : la signification du mot dépend du contexte (gestes, environnement). Le langage accompagne toujours l'action mais ne s'y substitue pas encore. Ce phénomène régresse au fur et à mesure que le nombre de mots acquis augmente, l'augmentation du capital linguistique ayant pour conséquence un gain de précision dans le sens des mots.

L'acquisition des mots est d'abord lente – à un an, un enfant a en moyenne acquis cinq à dix mots – puis très rapide : à deux ans, pour près d'un enfant sur deux, le vocabulaire peut atteindre deux cents mots. Vers dix-huit mois, l'enfant commence à construire des énoncés en combinant deux mots de sens différents. Exemples : « Bébé dodo » ou « Papa pati ». À la même période apparaît la négation : « Bébé non dodo », « Papa pas pati »...

Les simplifications de la syntaxe[6] du « petit langage » s'accompagnent de simplifications phonématiques caractérisées par une utilisation réduite et imprécise de la gamme des sons de la parole. Ces simplifications sont généralement causées par :

– **des omissions** : il peut s'agir d'omissions de syllabes (« kola » pour « chocolat », « mener » pour « promener »...) ou d'omissions plus discrètes, au niveau des phonèmes (par exemple, « pati » pour « parti ») ;
– **des substitutions** : dans le cas d'une substitution, l'enfant remplace un phonème non encore acquis par un phonème très proche sur le plan articulatoire. Exemple : acquis relativement tard, le phonème /s/ est habituellement remplacé dans le « petit langage » par le phonème /t/ acquis plus tôt et dont le point articulatoire, c'est-à-dire la façon de placer la langue pour le prononcer, est proche. « Assis » devient volontiers « ati » ;
– **des assimilations** ou facilitations articulatoires : l'enfant rapproche les points articulatoires de deux consonnes d'un même mot. Par exemple, le point articulatoire du son /g/ se rapprochant de celui du son /t/, le mot « gâteau » est ainsi prononcé « tato ».

Ces diverses simplifications sont liées à une progression relativement lente dans l'acquisition du système phonologique. L'acquisition du répertoire des phonèmes de la langue se

6. La syntaxe est un domaine de la linguistique qui décrit la façon dont les mots se combinent pour former des groupes de mots et des phrases chargés de sens. L'ordre des mots dans une phrase n'est en effet pas arbitraire. Par exemple, la phrase « Les broutent le pré moutons dans » n'est pas conforme aux règles de la syntaxe.

poursuit en effet bien au-delà de la première année. On admet que la maîtrise articulatoire de l'ensemble des phonèmes est acquise vers l'âge de quatre ans pour 75 % des enfants. Toutefois, certaines simplifications phonématiques peuvent persister jusqu'à l'âge de 6-7 ans.

La période des trois ans en moyenne est marquée par un enrichissement spectaculaire du vocabulaire : le capital de mots évolue de 200 mots en moyenne à l'âge de deux ans à 1 500 mots vers 4-5 ans. Sur le plan qualitatif, on observe l'apparition d'énoncés (un énoncé est la réalisation concrète d'une phrase dans une situation de communication). Cependant, l'acquisition de phrases grammaticales (phrases caractérisées par un ensemble de règles de bonne formation) ne semble pas résulter d'un simple processus de répétition ou d'imitation. L'enfant participe activement à la construction de son propre langage : il déduit de l'expérience linguistique des principes de fonctionnement qu'il applique à des situations nouvelles. Pour progresser sur le plan du langage, il effectue constamment une comparaison entre ses propres productions et celles que lui adresse son entourage.

Ainsi, il expérimente les effets de l'intonation (dont l'acquisition débute dès la période prélinguistique) ; il intègre que cette dernière permet de signaler des modalités différentes de phrases. Par exemple, l'énoncé « Bébé dodo » pourra être produit sur un mode exclamatif, interrogatif, déclaratif ou impératif. D'autre part, il s'approprie en les transformant les règles grammaticales ; certaines erreurs grammaticales du langage enfantin ne sont en effet pas dues au hasard. L'enfant va par exemple généraliser l'emploi d'une marque du participe passé à tous les groupes verbaux (par exemple, « Le chat a mordé » pour « Le chat a mordu »). Il va également généraliser des marques de genre (par exemple, « Le chat a mangé une souris noirte » pour « Le chat a mangé une souris noire »).

L'acquisition de la notion de marqueur grammatical[7] a pour corollaire l'acquisition de la notion d'ordre. Ainsi, l'énoncé du type « Bobo bébé » de la période du petit langage devient « Bébé a bobo » dans la période du langage.

Les énoncés évoluent ainsi d'une forme rudimentaire de type « agent-action » vers le modèle de base de la phrase en langue française de type « sujet-verbe-complément / adjectif ». L'entrée dans le langage est également marquée par l'apparition des pronoms personnels. Si l'emploi du « moi » est repérable dès l'âge de deux ans, il faut attendre l'âge de trois ans pour voir apparaître les « je, tu, il... ». À la même période, l'enfant commence à maîtriser les articles « le, la... » et les prépositions « à, dans, sur... ». L'emploi des subordinations « qui, parce que... » émerge pour sa part entre quatre et cinq ans.

7. Les marqueurs grammaticaux sont des éléments linguistiques qui contribuent à l'organisation grammaticale de la phrase.

## C. La compréhension du langage oral

De multiples compétences permettent à l'enfant de comprendre le langage oral dès son plus jeune âge. Toutefois, en fonction du stade évolutif et des stimulations de l'environnement, certaines modalités de « traitement » sont plus particulièrement repérables.

Ainsi, vers l'âge de 2,5-3 ans, la compréhension est à dominance « lexicale ». Pour comprendre le langage, l'enfant identifie un mot et le met en rapport avec le contexte dans lequel le message est produit. Par exemple, dans l'énoncé « Bébé va aller au lit », il interprète l'énoncé en traitant le mot « lit » en fonction du contexte horaire (heure du coucher, heure de la sieste).

À partir de 3,5-4 ans en moyenne, les capacités de compréhension deviennent plus performantes : elles prennent en compte les aspects morphosyntaxiques du langage oral. Le traitement morphosyntaxique, qui tend à dominer jusqu'à l'âge de 6-7 ans, implique la mise en relation du thème du message et de son contenu. L'enfant peut alors interpréter un énoncé hors-contexte du type « Demain, nous irons jouer au parc ». Ce traitement aboutit à la construction d'une représentation mentale du lieu évoqué et des actions possibles (balançoire, toboggan...).

Dès l'âge de 4-5 ans, en relation très probable avec les expériences de lecture de textes narratifs par l'adulte[8], et de façon plus tardive, en lien avec l'apprentissage de la lecture, l'enfant investit progressivement la compréhension du langage oral selon une modalité narrative. Cette modalité est mise en oeuvre pour la compréhension des récits. Elle implique de la part de l'enfant la prise en compte de la successivité temporelle des évènements et des relations causales qui les lient.

Enfin, et bien que précocement repérables, les capacités pragmatiques[9] ne se manifestent « en surface » que très tardivement. C'est seulement entre six et sept ans que l'enfant devient capable de se distancier dans une situation de communication et de concevoir les représentations[10] de l'interlocuteur. Le langage enfantin est égocentrique : il ne contient pas toutes les informations nécessaires pour la bonne compréhension par l'auditeur. Exemple : le « Tu vois, c'est cassé » d'un enfant décrivant un objet au téléphone, sans plus de précisions pour son interlocuteur. Progressivement, l'enfant acquiert les indicateurs qui déterminent quel type de langage convient à un contexte donné. Par exemple, la requête « Je veux un jouet » exprimée sur un mode impératif a peu de chances d'aboutir. L'enfant devra apprendre à atténuer les effets d'un tel énoncé par l'ajout d'une formule de politesse et par la modulation de l'intonation. En d'autres termes, l'enfant apprend à « socialiser » son langage.

8. Dans ce domaine, parmi d'autres, l'école maternelle joue un rôle déterminant.

9. La construction linguistique doit être adaptée au contexte dans lequel elle est produite. La capacité pragmatique décrit les conditions de l'emploi optimal des outils du « savoir communiquer ». Outre la connaissance des règles élémentaires qui conduisent à la production d'un message acceptable sur les plans de la syntaxe et de la sémantique, ce savoir nécessite la connaissance des règles sociales et culturelles qui permettent de produire un message adéquat dans un contexte donné.

10. La notion de représentation renvoie ici aux idées qu'une personne peut se faire du monde ou d'un objet donné.

Ainsi, dès l'âge de trois ans et demi, l'enfant parvient à maîtriser la structure fondamentale de sa langue maternelle. En dépit d'approximations morphologiques et d'erreurs de syntaxe, il peut alors parler de façon intelligible. Toutefois, le processus d'apprentissage est loin d'être terminé. L'enfant doit poursuivre l'acquisition du système phonologique, enrichir son vocabulaire (un processus qui dure toute la vie), diversifier la connaissance des formes syntaxiques et s'approprier les capacités pragmatiques.

### EN RÉSUMÉ

L'enfant est naturellement doté d'habiletés qui lui permettent d'acquérir très rapidement sa langue maternelle :

– au cours de la première année, il apprend à en reconnaître les phonèmes et peut comprendre, vers l'âge d'un an, un petit nombre de mots ;

– le nombre de mots que l'enfant est capable de produire évolue en moyenne de 5 à 10 mots à l'âge d'un an à près de 1500 mots vers l'âge de trois ans ;

– l'acquisition de la morphosyntaxe, repérable vers l'âge de dix-huit mois, permet à l'enfant dès l'âge de trois ans de produire des énoncés grammaticaux et explicites ;

– la compréhension, limitée à quelques mots vers l'âge d'un an, prend en compte les principaux marqueurs grammaticaux dès l'âge de trois ans ;

– la prise en compte des aspects pragmatiques du langage apparaît dès l'âge de six ans.

## II. LES PRINCIPALES ÉTAPES DE L'ACQUISITION DU LANGAGE ÉCRIT

À l'âge de six ans environ, l'enfant maîtrise suffisamment le langage oral pour aborder l'apprentissage de la lecture. Toutefois, si l'évolution du langage oral s'opère de façon naturelle, l'apprentissage de la langue[11] écrite résulte quant à elle d'un apprentissage explicite.

Le bébé possède en effet naturellement des compétences intellectuelles qui lui permettent d'apprendre la langue orale ; ces compétences sont activées au contact du langage perçu dans son environnement. Conséquence logique de ce constat : l'enfant apprend à parler et à comprendre la langue orale sans qu'il ait besoin de connaître au préalable la structure ou les règles qui l'organisent. Il en va différemment avec le langage écrit qui est une création de l'Homme[12]. L'apprentissage de la langue écrite ne dépend donc pas de préprogrammations innées.

Par ailleurs, l'apprentissage de la langue écrite dans un système alphabétique nécessite un traitement conscient et volontaire des composantes du langage oral. Alors que l'enfant prélecteur (non alphabétisé) traite le langage oral de façon naturelle et par conséquent intuitive, l'enfant apprenti lecteur est confronté à la nécessité d'appréhender le langage oral

11. Les notions de « langue » et de « langage » renvoient à des concepts différents. Le langage constitue une aptitude spécifiquement humaine qui consiste à créer et à utiliser des systèmes symboliques à des fins de communication. La langue orale et la langue écrite constituent des exemples de ces systèmes symboliques. Il en existe d'autres : la langue signée des malentendants, par exemple. Il faut par conséquent concevoir l'évolution du langage comme un phénomène naturel et l'acquisition d'une langue comme le résultat de l'apprentissage explicite d'un système symbolique arbitraire.

12. On situe la naissance de la langue écrite vers 3300 av. J.-C. (1500 av. J.-C. pour l'invention de l'alphabet en sumérien).

comme un objet de réflexion (voir plus loin le développement de la conscience phonologique). L'apprentissage de la langue écrite est donc intellectuellement beaucoup plus « coûteux » que celui de la langue orale.

Enfin, le caractère habituellement décontextualisé du langage écrit a pour conséquences d'une part de solliciter plus fortement la compréhension que ne le fait le langage oral et, d'autre part, de mobiliser une attention plus soutenue que lors d'un échange oral. Par exemple, celui qui écrit doit tenir compte du fait que son lecteur ne disposera pas nécessairement des mêmes perceptions (auditives, visuelles...) que celles dont il dispose lors de la rédaction. On doit donc concevoir que, sans pression ni aide de l'environnement éducatif, l'effort nécessaire à l'adoption par l'enfant de cette attitude de contrôle linguistique intentionnel ne sera pas effectué.

## A. Les mécanismes spécifiques du traitement de l'écrit : vers une définition de la lecture

On lit pour comprendre, « lire pour lire » n'aurait évidemment aucun sens. Cependant, si la compréhension d'un texte lu est le but du traitement de l'écrit, ce traitement ne se limite pas à une activité de compréhension. L'enfant qui comprend parfaitement un texte qu'on lui lit à voix haute, mais qui ne comprend pas ce même texte quand il doit le lire seul, ne présente pas de difficultés de compréhension : il n'a pas acquis les mécanismes spécifiques du traitement de l'écrit. Il s'agit des mécanismes de reconnaissance des mots (on parle également de déchiffrement[13]. On synthétise classiquement cette distinction entre compréhension et reconnaissance des mots par une formule simple :

**L = R x C**

Dans cette formule, **L** désigne la performance en lecture, c'est à- dire la capacité à extraire de l'information d'un texte. **R** désigne la reconnaissance des mots isolés (par exemple, la phrase écrite « Le bonnet est rouge » comporte quatre mots à reconnaître). **C** désigne pour sa part la compréhension orale. Ce facteur dépend du degré de maîtrise du langage oral dans ses différentes composantes. Il dépend également des connaissances « sur le monde » (ou connaissances encyclopédiques). On peut en effet être un bon déchiffreur, mais ne pas comprendre un texte abordant des sujets étrangers à notre culture. Le facteur **C** n'est donc pas spécifique du traitement de l'écrit. Il en va autrement du facteur **R** qui désigne des mécanismes spécifiques du traitement de l'écrit. Ce facteur recouvre deux processus : la perception visuelle des formes graphiques et les mécanismes d'identification des mots.

13. Souvent utilisé à mauvais escient, le terme « déchiffrage » désigne spécifiquement la lecture d'une partition musicale.

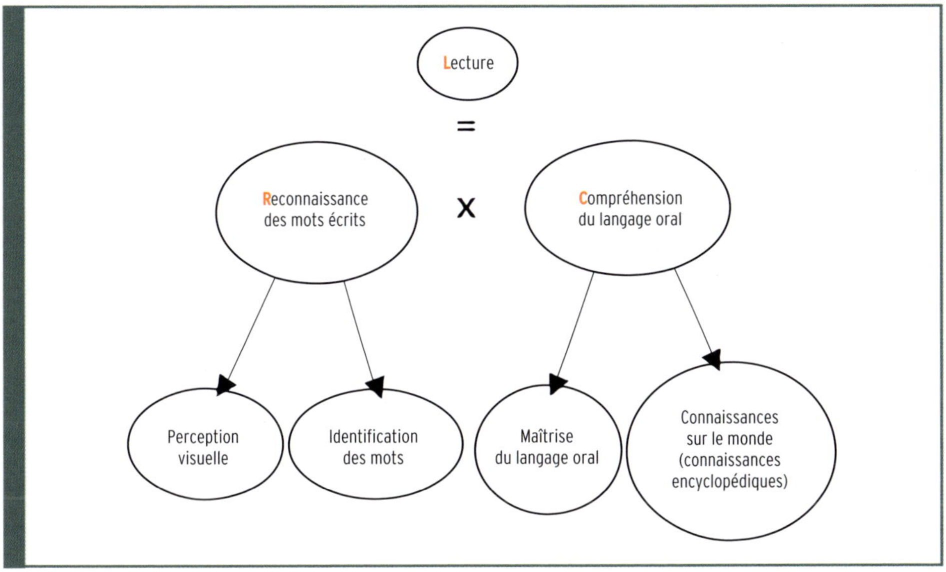


## B. L'acquisition des mécanismes d'identification des mots écrits

L'enfant met progressivement en place différentes stratégies pour identifier et orthographier les mots écrits. Tout au long de ce processus, le développement de ses habiletés langagières va de pair : la lecture stimule l'écriture et inversement.

### 1. Les principales étapes d'acquisition des mécanismes d'identification des mots écrits

Dans le système éducatif français, le rôle de l'école maternelle est déterminant pour l'apprentissage de la lecture. En particulier, le développement d'une approche réflexive des sons de la parole (voir page 38 la notion de « conscience phonologique ») et l'investissement dans des activités de préalphabétisation préparent les enfants à l'acquisition du principe alphabétique. Toutefois, avant l'entrée à l'école élémentaire, ces derniers tendent à adopter de façon prédominante une stratégie visuelle d'identification des mots écrits qui caractérise le stade de prélecture : la stratégie logographique.

*Le stade logographique*

Ce stade se caractérise par un mode d'identification des mots basé sur la reconnaissance d'un « patron visuel » dont l'enfant a appris par coeur la signification alors que les règles qui organisent la langue écrite sont complètement ignorées. En d'autres termes, l'enfant traite les mots comme des images.

Les enfants ont dans un premier temps recours à des indices fournis par l'environnement dans lequel est inséré le mot écrit. Par exemple, l'environnement très imagé d'un sac de confiseries les aide à appréhender le mot « bonbon ». La mémorisation d'indices externes au mot écrit comme médiateurs entre l'écrit et l'oral conduit à ignorer les caractéristiques du mot lui-même. Le même mot présenté dans un environnement différent ne sera pas reconnu, un autre mot présenté dans l'environnement connu de l'enfant sera dénommé incorrectement. À cette étape de l'identification, les enfants n'utilisent pas d'indices graphiques pour reconnaître les mots.

Progressivement, un certain nombre de traits saillants sont mémorisés ; ces traits caractéristiques du mot permettent à l'enfant de le différencier des autres mots qui font partie de son lexique visuel[14]. Il peut s'agir de la longueur du mot, d'une forme particulière ou d'une lettre connue (par exemple, le « b » de « bonbon »). L'identification du mot n'est donc plus strictement idéographique mais dépend de la reconnaissance de traits correspondant à des indices visuels mémorisés. L'identification se fait grâce à une analyse visuelle partielle du mot sans aucune mise en oeuvre des règles de conversion graphèmes / sons. Elle ne permet pas à l'enfant de discriminer des mots visuellement proches (« bouton » et « bonbon », par exemple). La reconnaissance immédiate de mots appris par coeur sur la base d'indices visuels permet à l'enfant de constituer un premier vocabulaire global : le lexique initial. Un lexique d'une centaine de mots peut être acquis de cette façon.

14. La notion de lexique visuel correspond à une sorte d'imagier mental. Il s'agit de l'équivalent imagé du lexique orthographique de l'enfant lecteur.

La stratégie logographique va cependant s'avérer insuffisante pour identifier un nombre croissant de mots. D'une part, la « contenance » du lexique visuel est limitée et, d'autre part, l'enfant est incapable, sans la médiation de l'adulte, d'identifier un mot écrit rencontré pour la première fois. Ces deux aspects rendent compte des erreurs d'identification habituellement rencontrées dans la phase initiale d'apprentissage de la lecture. On peut citer deux grands types d'erreurs :

- **les substitutions lexicales** qui respectent la longueur du mot cible. Par exemple, le mot « feu » peut être identifié « jeu » ;
- **les substitutions visuo-sémantiques** : en fonction du contexte (imagé par exemple), l'enfant substitue le mot écrit par un autre mot de sens proche. Par exemple, le mot « voiture » peut être identifié comme « auto ».

*Le stade alphabétique*

Pour pouvoir identifier de façon autonome des mots nouveaux, l'enfant doit adopter une stratégie nouvelle de traitement de l'écrit : la stratégie alphabétique.

La mise en oeuvre de la stratégie alphabétique nécessite de convertir les graphèmes (lettres ou groupes de lettres) en phonèmes (unités sonores permettant des distinctions de sens). On parle également de procédure d'identification des mots par médiation phonologique. Elle se caractérise par le fait que le traitement des aspects sonores de la parole (aspects phonologiques) devient crucial. Cette procédure permet à l'enfant de lire toutes les chaînes de lettres, aussi bien celles qui correspondent à des mots qu'il connaît que celles qui renvoient à des mots qu'il ne connaît pas. À la différence de la stratégie logographique, la procédure par médiation phonologique est donc « générative ».

La stratégie alphabétique qui marque l'entrée effective dans l'apprentissage de la lecture nécessite donc l'apprentissage du principe alphabétique. Quel est ce principe ?

La langue écrite française est une langue alphabétique[15] dont le système est constitué de vingt-six lettres auxquelles s'ajoutent les accents et des signes auxiliaires (comme le tréma et la cédille). Dans ce système, on appelle phonogrammes les graphèmes qui notent les sons de la langue. Le code phonographique de base comprend une quarantaine de graphèmes. Dans l'idéal, un seul phonème devrait correspondre à un seul graphème, et inversement. Cet idéal est respecté pour certains phonèmes : par exemple, il n'existe qu'un seul graphème pour le son /a/ et inversement, il n'existe qu'un seul phonème correspondant au graphème « a ». Cette relation biunivoque n'est cependant pas respectée lorsque le nombre de lettres diffère du nombre de graphèmes (et inversement). Il existe en effet dans la langue écrite des digrammes (graphèmes à deux lettres) et des trigrammes (graphèmes à trois lettres) qui ne correspondent qu'à un seul phonème. Par exemple, le son /f/ peut s'écrire « ph » comme dans « éléphant ». De même, le son /o/ peut s'écrire « eau », comme dans le mot « chapeau ». Inversement, le graphème « x » peut correspondre à deux phonèmes distincts : /ks/ dans le mot « taxi » ou /gz/ dans le mot « exactitude ». Il importe donc de bien distinguer les notions de lettre et de graphème.

**15.** Les langues alphabétiques utilisent des lettres pour transcrire les phonèmes.

En conséquence, si dans l'étape « alphabétique » l'enfant traitait les lettres en relation avec les sons, il se trouverait confronté à des difficultés majeures pour lire des mots pourtant simples tels que « chair » ou « phare ». Il lui serait également difficile de lire des mots comportant des lettres dont la prononciation dépend de l'environnement graphique, comme « c » et « g » (« large » vs « longue » ou « cuire » vs « cire »). Malgré ces complications et imperfections, il faut rappeler que l'ossature du français écrit est essentiellement « phonique » : 80 % des éléments de la chaîne écrite sont des phonogrammes. La plupart des mots ne sont constitués que de phonogrammes et

16. Le fait que le phonème /o/ puisse être noté suivant les mots « o », « au » ou « eau » constitue un exemple des imperfections du système phonographique.

17. Cette tendance à l'économie des marques grammaticales se retrouve notamment dans la conjugaison des verbes. Ainsi, les terminaisons du verbe « chanter » au présent de l'indicatif sont indistinctes à l'oral pour toutes les personnes du singulier et la troisième personne du pluriel (« je chante », « tu chantes », « il chante », « ils chantent »). À l'écrit, seules les terminaisons du verbe conjugué à la première et troisième personnes du singulier sont indistinctes. On observe également que les marques grammaticales sont plus redondantes à l'écrit qu'à l'oral. Ainsi, la phrase « Les patineurs s'élancent sur la piste » comporte une marque du pluriel à l'oral (« Les ») contre trois à l'écrit (« Les », « s » et « ent »). D'autre part, un même mot à l'écrit peut présenter plusieurs marques grammaticales. Ainsi, l'adjectif « laborieuses » porte à la fois une marque de genre (le féminin) et une marque de nombre (le pluriel). Ces deux caractéristiques, économie des marques à l'oral et redondance des marques à l'écrit, sont liées aux conditions d'utilisation et d'élaboration respectives de ces deux systèmes linguistiques. La communication écrite qui se déroule hors contexte demande de répéter les marques grammaticales pour que l'information soit clairement reçue.

sont ainsi « faits pour l'oreille ». Par exemple, le mot « bateau » est constitué des phonogrammes « b », « a », « t » et « eau », qui notent respectivement les phonèmes /b/, /a/, /t/ et /o/[16].

À l'instar des phonèmes organisés en morphèmes (les plus petits éléments porteurs de sens du langage oral), les graphèmes sont organisés en morphogrammes qui constituent à l'intérieur des mots écrits les plus petites unités encore porteuses de sens. On distingue les morphogrammes lexicaux (marques d'appartenance à une famille de mots) et les morphogrammes grammaticaux (marques des variations selon le genre, le nombre, la personne...). On observe cependant des différences importantes entre les morphèmes grammaticaux (oral) et les morphogrammes grammaticaux (écrit) : d'une façon générale, les marques grammaticales (indications de genre, de nombre, de temps et de mode) sont moins nombreuses à l'oral qu'à l'écrit[17]. D'autre part, un niveau de complexité supplémentaire de la langue écrite par rapport à la langue orale est lié à l'existence de morphogrammes de structures différentes mais dont la traduction sonore est identique.

Par exemple, les morphogrammes grammaticaux « s'est / c'est », « ou / où » ou encore les morphogrammes lexicaux « sein / saint » ne peuvent être différenciés qu'à l'oeil. Ces morphogrammes particuliers prennent le nom de logogrammes car ils sont traités comme des logos. Ces logogrammes jouent un rôle fondamental dans la construction du sens de l'écrit en permettant la distinction des homophones grammaticaux (« se / ce », « ou / où », « a / à »...) et lexicaux (« sang / sans / cent », « tente / tante », « seau / sot »...). Par certains aspects, la langue écrite française se comporte ainsi comme une langue idéographique.

Toutefois, la « sonorisation » de la langue écrite ne procède pas uniquement du traitement de graphèmes. Afin que l'écrit soit une reconstitution aussi fidèle que possible de l'oral, des systèmes supplémentaires sont mobilisés, comme le blanc graphique, les accents et la ponctuation.

Les accents sont des signes qui se placent sur certaines voyelles pour indiquer leur prononciation, différente de celle de la voyelle non accentuée (ex. : é / ê) et / ou pour marquer une distinction de sens entre les mots. Ainsi, l'accent circonflexe possède une valeur phonogrammique (il note une voyelle longue, par exemple le mot « fête »), une valeur morphogrammique (le verbe « ôter ») et une valeur logogrammique (l'accent circonflexe assure la distinction graphique de certains homophones tels que « mûr / mur », « nôtre / notre », « châsse / chasse »...).

La ponctuation constitue un système de signes graphiques (point, virgule, point d'exclamation, d'interrogation...) qui

apportent dans l'organisation d'un texte écrit des indications complémentaires de celles apportées par le système orthographique. Les signes de ponctuation ont un triple rôle :
– **un rôle prosodique** : ils marquent les pauses de la voix, le rythme et l'intonation. Les pauses sont marquées, dans un ordre croissant de durée, par la virgule, le point-virgule et le point. Les points d'exclamation et d'interrogation marquent le rythme et l'intonation ;
– **un rôle syntaxique** : les signes de ponctuation marquent aussi la séparation des mots (apostrophe, blanc entre les mots, trait d'union), la délimitation des groupes syntaxiques (en particulier la virgule et le point-virgule) et la délimitation entre les phrases (point, points d'interrogation et d'exclamation) ;
– **un rôle sémantique** : les signes de ponctuation permettent enfin d'apporter des compléments d'information. Ainsi, la ponctuation finale de la phrase est parfois la seule indication du type de la phrase (déclaratif, interrogatif ou exclamatif).

Au cours d'une période qui correspond en moyenne aux deux dernières années du cycle II[18], l'enfant va donc apprendre à identifier les mots écrits à partir des correspondances qui existent entre les graphèmes et les phonèmes. Il va apprendre à segmenter les mots écrits et à lire sans erreur les mots réguliers (les mots qui s'écrivent comme ils se prononcent). Au départ, cette procédure est lente et laborieuse, toute son attention étant dirigée sur le décodage phonologique. L'appropriation progressive de la stratégie alphabétique se caractérise aussi par la raréfaction des erreurs visuelles du stade logographique et par l'apparition d'erreurs dites « phonologiques » : par exemple, le mot « cagoule » lu « cakoule » ou le mot « cave » lu « cafe ».

18. Le cycle II comprend la grande section de maternelle, le cours préparatoire et le cours élémentaire 1re année.

La stratégie alphabétique présente cependant un certain nombre d'insuffisances. Elle ne peut être utilisée pour lire les mots qui contiennent des graphèmes à prononciation exceptionnelle (c'est le cas des mots irréguliers[19]). Outre des erreurs phonologiques, l'enfant apprenti lecteur au stade alphabétique produit également des erreurs dites « de régularisation » : les mots irréguliers sont régularisés (par exemple, le mot « femme » est lu « feume »). De plus, l'utilisation de cette procédure ne permet pas de différencier les homophones non homographes (comme « sot / seau / saut / sceau », « ce / se », « ou /où »...). Ces deux types de mots ne peuvent être traités correctement par une stratégie alphabétique.

19. Les mots irréguliers sont des mots qui ne se prononcent pas comme ils s'écrivent. Exemples : le graphème « c » du mot « tabac » n'est pas sonorisé ; le mot « chorale » est prononcé /koral/.

Enfin, la lecture de mots réguliers par une stratégie alphabétique est très lente chez l'apprenti lecteur débutant. Cette lenteur constitue un handicap évident lorsqu'il s'agit de comprendre un texte lu : la compréhension d'un texte exige une vitesse d'identification de 250 à 400 mots à la minute. D'où la nécessité d'automatiser rapidement la stratégie alphabétique et de pallier ses insuffisances. Dans cette perspective, l'apprentissage du langage écrit permet l'émergence progressive d'une stratégie plus performante : la stratégie orthographique.

*La stratégie orthographique*

La stratégie orthographique se différencie de la stratégie alphabétique par le fait que les codes phonologiques des mots écrits connus du sujet sont instantanément récupérés en mémoire. De récentes études suggèrent en effet que le lecteur adulte (ou « expert ») active systématiquement en lecture silencieuse les codes phonologiques des mots écrits identifiés. Toutefois, à la différence de l'apprenti lecteur, cette activation est totalement automatisée et par conséquent d'une rapidité suffisante pour la compréhension d'un texte lu.

Elle s'en distingue également par la nature des unités de base de traitement. Ainsi, alors que les unités de traitement du stade alphabétique sont des unités non signifiantes (les graphèmes), les unités de traitement du stade orthographique correspondent à des unités de sens : les morphèmes. Prenons l'exemple du mot « danseur ». Dans une stratégie alphabétique, le mot est segmenté en graphèmes constitutifs, les graphèmes sont convertis en phonèmes, puis les phonèmes sont assemblés. Ce processus lent et peu économique aboutit à l'identification du mot. Dans une stratégie orthographique, la segmentation aboutit à isoler deux morphèmes (« dans- » et « -eur »), dont les codes phonologiques sont automatiquement récupérés. La stratégie orthographique se différencie également de la stratégie logographique dans la mesure où il s'agit d'un traitement de formes orthographiques d'une langue (traitement linguistique) et non plus seulement d'un traitement d'images (traitement visuel exclusif).

## 2. Les relations lecture / écriture

Certains auteurs se sont plus particulièrement intéressés aux relations entre lecture et écriture. Le principe général est que l'une des deux habiletés, la lecture ou l'écriture, constitue un stimulateur pour le développement de l'autre. Selon le modèle de Frith, la stratégie logographique se développe d'abord en lecture et est ensuite appliquée en écriture. Par contre, c'est dans le domaine de l'écriture que se développe en premier la procédure par médiation phonologique (stratégie alphabétique) qui peut être ensuite transférée en lecture. Enfin, la procédure orthographique est acquise en premier en lecture : il faut attendre que les compétences de lecture aient atteint un niveau supérieur pour que l'écriture puisse bénéficier de ce type de traitement. Le tableau ci-après illustre le fonctionnement du modèle.

### Le modèle développemental de Frith

Selon ce modèle, chacune des trois stratégies se développe en deux phases.

| Stade | Lecture | Écriture |
|---|---|---|
| Logographique | Logographique<br>Logographique | Symbolique<br>Logographique |
| Alphabétique | Logographique<br>Alphabétique | Alphabétique<br>Alphabétique |
| Orthographique | Orthographique<br>Orghographique | Alphabétique<br>Orthographique |

- Stratégie logographique : la lecture est d'emblée logographique, l'écriture est encore symbolique (l'enfant s'exprime par le dessin). La procédure logographique est ensuite transférée à l'écriture.
- Stratégie alphabétique : malgré l'apprentissage du principe alphabétique, l'enfant utilise en lecture une « béquille » logographique alors que l'écriture est d'emblée alphabétique. La procédure alphabétique est ensuite transférée à la lecture.
- Stratégie orthographique : la mise en place de la procédure orthographique de lecture est très rapide. L'écriture des mots demeure régie par la mise en oeuvre des règles de conversion phonographique. La procédure orthographique est ensuite transférée à l'écriture.

Source : Uta Frith, « A developmental framework for developmental dyslexia ». Annals of Dyslexia, 1986, vol. 36, pages 69-81.

L'adoption et le développement de la stratégie orthographique consacrent la dernière phase de l'évolution du langage écrit. Dans le système éducatif français, on considère que l'enfant en fin de CE1 (soit à l'âge de huit ans en moyenne) est capable de déchiffrer des mots nouveaux en adoptant une stratégie alphabétique. Il est aussi censé lire très rapidement les mots connus et identifier sans erreur de régularisation les principales formes irrégulières. L'enfant est alors supposé utiliser l'architecture fonctionnelle d'un lecteur expert[20].

## 3. La lecture experte : un exemple de modèle psycholinguistique

Au cours de ces vingt dernières années, une approche psychologique du langage, dite « cognitive »[21], a fourni des modèles pour décrire l'architecture fonctionnelle du traitement du langage. Certains de ces modèles concernent plus particulièrement le traitement des mots écrits : ils spécifient les différents systèmes de traitement qui interviennent entre le moment où le sujet voit un mot écrit et le moment où il le prononce.

Le mot écrit est d'abord traité par un système analyseur visuel. La séquence graphémique de ce mot est analysée en identifiant la nature et la position des lettres. En fonction de son statut, la séquence graphémique ainsi analysée peut suivre deux voies différentes.

– **Le mot est connu du sujet** : la séquence graphémique est adressée dans un lexique orthographique d'entrée. Dans ce lexique sont archivées toutes les formes orthographiques[22] connues du sujet. La voie lexicale est activée. L'activation de la forme orthographique correspondante entraîne l'activation

**20.** Le lecteur expert est un sujet capable d'identifier les mots écrits, quelle que soit leur nature : mots réguliers, irréguliers et logatomes (ou pseudomots, c'est-à-dire mots sans signification).

**21.** La psychologie cognitive aborde le langage sous l'angle de la connaissance, c'est-à-dire des phénomènes d'acquisition, de traitement, de stockage en mémoire et de restitution de l'information.

**22.** La notion de forme orthographique (séquence graphémique porteuse d'un sens lexical et / ou grammatical) s'oppose à celle de forme graphémique (séquence de graphèmes non nécessairement porteuse de signification).

d'un système sémantique où sont conservés les aspects sémantiques des formes orthographiques connues. Cette séquence de traitement est suivie de l'activation de la forme sonore correspondante dans le lexique phonologique de sortie. Enfin, la planification des aspects articulatoires permettant la prononciation s'opère en maintenant la forme phonologique à prononcer en mémoire de travail. La dénomination d'un mot écrit peut toutefois s'opérer sans un passage par le traitement du sens : il existe une voie d'accès à la prononciation qui relie directement le lexique orthographique d'entrée au lexique phonologique de sortie.

– **Le mot est inconnu du sujet :** la séquence graphémique ne correspond à aucune forme orthographique connue du sujet.

Il peut s'agir d'un pseudomot (mot sans signification, par exemple « niro » en français), mais il peut s'agir également d'un mot nouveau. La voie non lexicale est activée, via un convertisseur grapho-phonémique. Ce convertisseur permet la fragmentation du signal visuel en unités graphémiques, puis la conversion de ces unités en unités phonémiques. Imaginons qu'un sujet soit conduit à traiter le pseudomot « niro ». La forme graphémique est dans un premier temps convertie en la séquence graphémique « n », « i », « r » et « o » ; dans un second temps, les graphèmes sont convertis en phonèmes correspondants : /n/, /i/, /r/, /o/. Le processus de conversion grapho-phonémique active le maintien de la forme phonologique en mémoire à court terme le temps de sa programmation articulatoire.

Dans l'évolution du langage écrit, la voie lexicale (ou voie d'adressage, voie orthographique, voie directe) résulte d'une part de l'automatisation du processus d'identification par la voie non-lexicale et, d'autre part, d'une maîtrise minimale des principales irrégularités orthographiques[23]. Cette voie constitue un processus très rapide d'identification des mots écrits. Elle permet au lecteur expert d'identifier 300 à 400 mots par minute ; son caractère économique libère ainsi suffisamment d'énergie intellectuelle pour la construction du sens d'un texte lu (traitement sémantique). Par ailleurs, cette voie permet l'identification des mots irréguliers (mots qui ne se prononcent pas comme ils s'écrivent). Par exemple, le mot « tabac » identifié par la voie non lexicale se prononcerait /tabak/.

La voie non lexicale (voie d'assemblage, voie phonologique ou encore voie indirecte) constitue un processus essentiel pour la lecture de mots dont le code phonologique n'est pas disponible en mémoire, c'est-à-dire les mots nouveaux (éventualité fréquente dès lors qu'un texte se situe hors du champ culturel ou professionnel d'un sujet) ou les pseudomots (mots sans signification pouvant être proposés en situation de test).

**23.** Il s'agit des mots irréguliers (ex. : « femme » ou « faisan »), mais également de certaines complications orthographiques liées par exemple à l'existence de graphèmes différents pouvant coder le même phonème (ex. : les graphèmes « f » et « ph » codent le même phonème /f/) ou à l'existence de règles positionnelles (ex. : le graphème « gu » devant « i » ou « e » se lit /g/).

### Modèle cognitif simplifié du traitement du mot écrit

« NIRO » = "N" "I" "R" "O"
« BIJOU » = "B" "I" "J" "O" "U"

Analyse visuelle de la séquence graphémique du mot

| « NIRO » ? | « BIJOU » ? |
| --- | --- |
| Mot inconnu → voie<br>• non lexicale<br>• d'assemblage<br>• phonologique<br>• indirecte | Mot connu → voie<br>• lexicale<br>• orthographique<br>• d'adressage<br>• directe |
| Fragmentation du signal visuel en unités graphémiques<br>"N" "I" "R" "O"<br>Conversion de ces unités en unités phonémiques<br>/N/ /I/ /R/ /O/ | **Traitement orthographique**<br>Envoi de la séquence graphémique dans un lexique orthographique d'entrée qui contient toutes les formes orthographiques connues du sujet.<br>"B" "I" "J" "O" "U" → ~~BIJOUE~~<br>→ ~~BIGEOU~~<br>→ BIJOU<br><br>VOIE DIRECTE<br><br>**Traitement sémantique**<br>Forme orthographique envoyée dans un répertoire sémantique contenant tous les aspects sémantiques de la forme orthographique.<br>BIJOU = ornement, accessoire...<br><br>**Traitement phonologique**<br>Envoi ou comparaison avec le lexique phonologique de sortie.<br>BIJOU = /B/ /I/ /Z/ /U/ |
| Forme phonologique mise en mémoire à court terme<br>"N" "I" "R" "O" = /N/ /I/ /R/ /O/ | Forme sonore stockée en mémoire à long terme |
| Vitesse : assez lente<br>Utilisation :<br>• pour mots nouveaux<br>• pour pseudomots (logatomes) | Vitesse : 300-400 mots/minute<br>Utilisation : seule voie possible pour les mots irréguliers (femme, phare...). |

Source : Coltheart *et al.* « A dual route cascaded model of visual word recognition and reading aloud ». *Psychological Reviews*, 2001, vol. 108, pages 204-256.

24. Le dernier son voyelle d'un mot et éventuellement le ou les sons consonnes qui suivent constituent la rime. On doit donc distinguer les rimes simples, constituées d'un son voyelle, et les rimes complexes, constituées d'un son voyelle et d'un ou deux sons consonnes. Ainsi, la rime du mot « chat » est une rime simple (/a/), alors que les rimes des mots « truc » ou « turc » sont des rimes complexes (respectivement /yk/ et /yrk/).

25. Les phonèmes se groupent dans le cadre de la syllabe qui est l'unité de production et de perception de la parole. En effet, nous ne prononçons pas les phonèmes isolément. Toute syllabe est constituée d'une voyelle accompagnée ou non de consonnes ou de glides. Ni les consonnes, ni les glides ne peuvent suffire à constituer une syllabe. La structure syllabique de base en langue française est de type consonne/voyelle (exemple : la-va-bo). Dans cette structure, la consonne est désignée sous le terme d'attaque et la voyelle sous le terme de noyau vocalique. Lorsqu'une consonne suit le noyau vocalique, cette dernière est désignée sous le terme de coda. Ainsi, pour le mot « sac » (/sak/), le phonème /s/ est l'attaque, le phonème /a/ le noyau vocalique et le phonème /k/ la coda.

26. Sons élémentaires de la parole (rappel). La conscience des rimes et des syllabes tend à se développer naturellement pour des raisons liées à la saillance acoustique de ces unités. En revanche

## C. Habiletés associées à l'évolution du langage écrit

### 1. La conscience phonologique

La conscience phonologique se définit comme la capacité à isoler et à manipuler mentalement les unités sonores et non signifiantes de la parole : rimes[24], syllabes[25] et phonèmes[26]. Elle constitue un facteur fondamental de l'acquisition des mécanismes d'identification des mots écrits en permettant à l'enfant de maîtriser les règles de correspondance graphèmes-phonèmes.

La conscience phonologique permet certaines opérations mentales, notamment des opérations de reconnaissance (il s'agira par exemple de reconnaître dans des mots imagés une rime, une syllabe ou un phonème imposés) et des opérations de manipulation. Dans ce dernier cas, il peut s'agir de suppressions (ex. : retirer la première syllabe ou le premier phonème d'un mot ou d'un pseudomot), d'inversions (ex. : inverser les syllabes d'un mot bisyllabique, les phonèmes d'un mot ou d'un pseudomot biphonémique), de segmentations (ex. : segmenter mentalement un mot en ses phonèmes constitutifs), d'opérations de comptage (ex. : compter le nombre de phonèmes d'un mot) ou de fusion (ex. : fusionner deux syllabes pour produire un mot bisyllabique).

Il existe des relations de cause à effet entre la conscience phonologique – en particulier la conscience phonémique – et l'apprentissage de la lecture. Ainsi, le niveau de conscience phonologique avant l'apprentissage conditionne largement les progrès ultérieurs de l'enfant en lecture et en orthographe. Par ailleurs, les enfants prélecteurs (scolarisés en grande section de maternelle) entraînés à faire des jeux sur les sons de la langue progressent mieux en lecture et en écriture que les enfants non entraînés.

Les relations entre la conscience phonologique et l'apprentissage des mécanismes d'identification des mots sont classiquement décrites comme causales et réciproques : un niveau minimal de sensibilité aux sons de la parole permet l'apprentissage de la lecture qui suscite à son tour le développement rapide de la conscience phonologique, cette dernière facilitant en retour l'apprentissage de la lecture.

### 2. La mémoire verbale à court terme

La mémoire à court terme, également appelée mémoire de travail, est un système mental dans lequel sont momentanément stockées et manipulées les informations utiles pour la compréhension, le raisonnement et l'apprentissage.

Ce système joue un rôle décisif dans l'apprentissage de la lecture : la rétention momentanée des séquences graphémiques, leur conversion en séquences phonologiques, puis leur articulation qui permet d'assurer la transformation du matériel écrit en matériel phonologique, sont des opérations qui sollicitent une mise en mémoire momentanée. La mémoire à court terme permet à l'enfant de se rappeler ce qu'il vient de lire pour accéder à la signification.

L'empan mnésique fixe les limites fonctionnelles de la mémoire de travail ; il s'évalue en proposant à l'enfant une épreuve de répétition immédiate de séries de chiffres ou de séries de pseudomots dont on fait varier le nombre de syllabes (de 2 à 6 en moyenne). En grande section de maternelle, alors qu'il est âgé en moyenne de cinq ans et demi, un enfant parvient à répéter en moyenne une série de trois chiffres (l'empan est par conséquent de trois chiffres). Un an plus tard, en CP, le score moyen est de quatre chiffres.

Comme pour la conscience phonologique, il existe des relations réciproques et causales entre les capacités de mémorisation verbale à court terme et l'acquisition de la lecture : des capacités mnésiques minimales sembles requises pour l'acquisition du langage écrit. Cette dernière stimule en retour le développement de la mémoire verbale à court terme.

si un certain degré de sensibilité aux phonèmes peut être observé chez l'enfant prélecteur, il est important de noter que le développement de la conscience phonémique (conscience des phonèmes) nécessite l'apprentissage du principe alphabétique.

## 3. La perception visuelle

La lecture implique des capacités de discrimination visuelle. Lorsque l'oeil explore le champ visuel[27], condition habituelle de la lecture d'un texte, les mouvements oculaires consistent en une succession de petits sauts horizontaux nommés « saccades » et de stations fixes appelées « fixations ». La vision s'exerce uniquement pendant les fixations. Pour tous les lecteurs en moyenne, une fixation dure un quart de seconde (250 millisecondes) et une saccade dix fois moins (25 millisecondes environ). À chaque fixation, une image de dix lettres environ est projetée sur une zone de la rétine appelée fovéa au niveau de laquelle les détails les plus fins peuvent être discriminés. La section de quelques lettres « scannée » à chaque fixation est désignée sous le terme d'empan (« span » en anglais).

Le balayage d'un texte par les points de fixation est relativement complet. Pratiquement tous les mots sont successivement fixés. Une altération mineure à l'intérieur d'un mot est immanquablement détectée par le lecteur expert (ex. : « Laurent a fait un dessin très présis » pour « Laurent a fait un dessin très précis »). L'identification des mots écrits ne repose donc pas sur leur appréhension globale, et encore moins sur celle du texte, mais prend en compte le traitement d'indices visuels précis au niveau des mots et des lettres. Autrement dit, l'exploration visuelle d'un mot repose aussi sur l'attention visuelle que l'on porte au mot. Cette forme d'attention fonctionne comme une sorte de zoom ou de *spot light* qui va se focaliser sur un élément de l'espace visuel. Ce

**27.** On appelle champ visuel la portion d'espace vue par un oeil immobile, la tête restant elle-même immobile.

détail qui attire en quelque sorte l'œil peut être une lettre située n'importe où dans un mot. Cette attirance doit alors être inhibée pour que l'attention visuelle puisse se porter au tout début du mot, pour décoder la ou les premières lettres du mot et pouvoir ainsi déchiffrer ce mot correctement.

## EN RÉSUMÉ

L'apprentissage de la lecture n'est pas naturel. Il est le résultat d'actions pédagogiques mobilisant des habiletés qui ne sont que très partiellement développées chez l'enfant prélecteur :

– **la conscience phonologique** permet à l'enfant d'isoler et de manipuler les segments sonores de la parole ;

– **la mémoire verbale à court terme** permet la rétention momentanée d'informations verbales le temps de leur traitement.

Ces habiletés permettent à l'enfant d'acquérir la stratégie alphabétique qui consiste à identifier les mots en convertissant les graphèmes en phonèmes (conversion grapho-phonémique). L'acquisition de cette stratégie constitue un aspect fondamental de l'apprentissage de la lecture.

L'évolution du langage écrit est rapide : en moins d'un an d'apprentissage, l'enfant apprenant acquiert le comportement d'un lecteur autonome (ou lecteur expert).

# Les aspects affectifs, sociaux et pédagogiques de l'évolution du langage

L'évolution du langage chez l'enfant est la résultante des interactions entre des capacités innées et l'influence de l'environnement.

Les capacités potentielles de traitement du message de la parole font référence à la notion de développement : l'évolution du langage de l'enfant est en effet génétiquement programmée. Les influences de l'environnement renvoient quant à elles aux notions d'acquisition et d'apprentissage : l'évolution du langage de l'enfant nécessite également une médiation linguistique.

Cette médiation est tout d'abord orale et intrafamiliale, puis orale et écrite dans un contexte élargi à l'école et à la société. On doit donc souligner l'importance des stimulations sensorielles, affectives, sociales, pédagogiques et, par voie de conséquence, le poids des carences de l'environnement sur cet aspect de la personnalité de l'enfant.

Précision : le bilinguisme, notamment le bilinguisme des enfants récemment immigrés, constitue également un facteur important de l'évolution du langage en général, et de l'apprentissage de la langue écrite en particulier. Toutefois, cet aspect ne peut être abordé dans cet ouvrage à caractère nécessairement non exhaustif.

# I. LES ASPECTS SOCIOAFFECTIFS DE L'ÉVOLUTION DU LANGAGE

Le développement du langage chez l'enfant dépend bien sûr de prédispositions naturelles. Mais il s'agit aussi du résultat d'un apprentissage réalisé dans le cadre d'interactions sociales. Les interactions entre la mère et l'enfant constituent la base de l'évolution langagière et du développement intellectuel et affectif de l'enfant. Les carences affectives, totales ou partielles, ont pour conséquence une altération du développement global de l'enfant. Dans tous les cas, ces carences affectent de façon plus ou moins sévère l'évolution du langage.

## A. Affectivité, interactions sociales et langage

L'enfant manifeste dès sa naissance un ensemble de conduites affectives qui lui permettent d'exprimer des besoins de base centrés sur l'alimentation. Il naît également dans un monde où on interprète ses cris ; cette interprétation est accompagnée des gestes et des paroles d'une mère (ou de toute autre personne assumant ce rôle) qui améliore régulièrement sa capacité à comprendre les pleurs, les regards et les sourires de son bébé.

Le bébé apprend en retour à maîtriser l'effet de son comportement et donc à communiquer avec l'intention d'obtenir un effet particulier : il s'agit là d'une communication intentionnelle. Dès l'âge de deux mois, la capacité à répondre aux objets et aux personnes familières par un sourire tend en effet à montrer que les conduites affectives précoces ne sont pas uniquement biologiquement déterminées mais traduisent bien la participation de l'enfant à un système affectif de communication. Dans ce système, l'enfant est capable de faire des comparaisons et peut manifester son attente vis-à-vis d'un fait agréable sur le point de survenir ; il ne réagit donc pas simplement à des stimuli, il peut « penser » les événements et leurs effets.

Pour désigner les interactions particulières au cours desquelles l'enfant apprend à communiquer, on parle classiquement de « formats de communication ». Il s'agit de situations caractérisées par une intention, un but et dans lesquelles se déroule une série de processus rapidement routiniers, formant un cadre pour des communications bien spécifiées, verbales ou non verbales (par exemple lors des repas ou du coucher de l'enfant).

Une grande partie de l'activité de l'enfant au cours de la première année de vie est ainsi sociale et communicative. L'affectivité, la connaissance et la communication se développent conjointement et de façon indissociable dans le cadre d'interactions qui conduisent l'enfant à beaucoup apprendre sur le langage avant même de l'avoir acquis. Lorsqu'il commence à utiliser les premières expressions qui peuvent être considérées comme des mots, il a déjà acquis une maîtrise certaine de la communication.

Il est toutefois surprenant de constater la perfection avec laquelle la mère et l'enfant se comprennent, ainsi que l'efficacité du système de communication développé par l'enfant dès les premiers mois de vie. Cette surprenante rapidité est liée à l'existence, dès la naissance, d'un équipement relativement développé en mécanismes intellectuels et perceptifs pour affronter le monde. Sur le plan de la perception visuelle, l'enfant est capable, avant quatre mois, de discriminer les formes et les couleurs. Concernant la perception auditive, il a découvert, dès sa troisième semaine de vie, la plupart des nuances de la voix humaine. Il manifeste une préférence pour la façon généralement adoptée pour parler aux bébés et il est capable de discriminer la voix de sa mère parmi plusieurs voix. De plus, dès l'âge de trois mois, les différentes capacités perceptives des sons de la parole habituellement observées chez l'adulte sont présentes chez l'enfant.

Avec de telles capacités, le bébé peut donc, dès ses premières semaines de vie, être sollicité par des stimuli visuels et auditifs variés. Or le visage de la mère, objet d'une attention sélective du bébé, regroupe précisément l'essentiel des stimuli auxquels il est sensible : la brillance et le mouvement des yeux, les contrastes de couleur entre les différentes parties du visage (peau, sourcils), les mouvements de la bouche qui sourit et émet des sons de mille manières.

Vers l'âge d'un an en moyenne, l'enfant émet des séquences syllabiques spécifiquement liées à un contexte donné (et pas encore généralisées à d'autres contextes qui pourraient être similaires). À partir d'un certain niveau de fréquence d'utilisation par la mère, les syllabes dupliquées (do-do, bo-bo...) évoluent d'une part vers des mots correctement prononcés et, d'autre part, vers une application à des usages moins fréquemment rencontrés. La répétition des processus de généralisation s'accompagne ainsi d'une découverte du langage en tant que représentation de la réalité et d'une prise de conscience du fait que tout ce qui est perçu comme différent doit être nommé différemment.

L'acquisition dans le cadre d'interactions mère-enfant rend compte du fait que jusqu'à l'âge de 2-3 ans en moyenne, pratiquement tous les mots utilisés par l'enfant sont les mêmes que ceux utilisés par la mère. De même, la grammaire acquise par l'enfant, à partir de l'âge de dix-huit mois en moyenne, sera pour une large part celle proposée par la mère.

## B. Langage et développement de la personnalité

Le langage est un remarquable témoin du développement de la personnalité. En disant « je », l'enfant s'affirme en tant que personne. En disant « tu », « il » ou « elle », on comprend aisément que l'enfant porte un intérêt aux personnes qui l'entourent. Le bébé est muni d'intentions qu'il communique à son entourage. Pour obtenir un objet attractif situé hors de son espace de préhension, il peut agiter les bras en vocalisant. La communication est dite alors proto-impérative. Elle permet de situer vers un an l'apparition de la première fonction pragmatique du langage portant sur la satisfaction des envies et désirs qui s'observe encore plus tard quand l'enfant dit « Je veux...». Pendant la petite enfance, la seconde fonction pragmatique, qualifiée d'« interactive » et d'« heuristique » apparaît. Elle se manifeste dans les questions « C'est quoi ? À quoi ça sert ? » Les jeunes enfants sont aussi capables d'exprimer certaines requêtes en adaptant leurs demandes aux réactions de l'adulte. Pour obtenir un bonbon, au lieu de dire de manière impérative « je veux un bonbon », les enfants nuancent, pondèrent leurs demandes, en disant « tu me donnes un bonbon », avec un « s'il te plait », voire encore... « un petit bonbon... un tout petit bonbon ». Ces formulations montrent que dès 2,5-3 ans, le langage témoigne de l'ajustement du comportement de l'enfant aux différents contextes sociaux. L'enfant ne s'exprime pas de la même manière quand, pour parler de la même chose, il est avec un adulte familier ou avec un adulte non familier ou encore avec d'autres enfants. Aussi, au moment où, pour la plupart, les enfants fréquentent la petite section de maternelle, ils ont un certain niveau de langage pragmatique qui leur permet de parfaire leur socialisation, d'ajuster par exemple leur comportement à des formes indirectes de requêtes (« Peux-tu fermer la porte ? »), voire à certaines allusions.

Le langage agrémente les activités ludiques et sous-tend l'imagination. Évoquer les marques syntaxiques du futur, c'est aussi se projeter dans l'avenir. L'enfant, dans ses jeux de faire semblant, crée des scènes sociales, accorde des statuts et rôles sociaux aux poupées et animaux en plastique ou en peluche. Il leur attribue des émotions et des états mentaux (« ... est triste », « pas content », « gentil » ou « méchant »). Le langage permet aussi de réguler le comportement. L'enfant, en verbalisant les émotions et états mentaux, peut dire s'il ne veut pas jouer avec un de ses pairs qui vient le solliciter. Il n'a pas besoin de le repousser gestuellement, par exemple. Le langage contribue ainsi au développement de la personnalité, subtil équilibre entre individualisation et socialisation.

## II. LES ASPECTS PÉDAGOGIQUES DE L'ÉVOLUTION DU LANGAGE CHEZ L'ENFANT

Les nouveaux programmes de l'école primaire publiés au Bulletin officiel du 19 juin 2008 proposent un enseignement structuré et explicité, orienté vers les savoirs de base et offrant des entrainements systématiques à la lecture, à l'écriture, à la maîtrise de la langue.

Les élèves en difficulté doivent également pouvoir bénéficier d'une aide personnalisée et différenciée, dès que les premières difficultés apparaissent et avant qu'elles ne soient durablement installées.

### A. La maîtrise du langage à l'école : un objectif prioritaire

L'apprentissage du langage est un objectif prioritaire tout au long de l'école primaire. Cet objectif est précisé dans les programmes de l'école[28] mis en œuvre depuis la rentrée 2008.

28. Ces programmes (arrêté du 9 juin 2008) sont accessibles sur le site Internet du ministère de l'Éducation nationale (http://eduscol.education.fr/D0048/primprog/htm).

#### 1. L'école maternelle

**Le langage oral** est le pivot des apprentissages des classes de maternelle. Les enfants apprennent à communiquer de façon de plus en plus riche et de plus en plus complexe, dans un contexte social élargi. Ils rendent compte de ce qu'ils ont observé ou vécu, évoquent des événements à venir, reformulent, d'abord avec l'aide du maître, puis sans, l'essentiel des énoncés entendus.

Ils racontent des histoires entendues, inventées. L'enseignant porte une attention particulière à la compréhension.

Les élèves apprennent à distinguer une question, un ordre, une explication, un récit. Ils distinguent la fonction particulière des consignes données par l'enseignant et comprennent les termes usuels utilisés dans ce cadre. Dès la petite section, l'enseignant raconte beaucoup d'histoires très variées. Les élèves parviennent à comprendre des récits de plus en plus complexes. Ils se rapprochent ainsi du langage écrit, dont le maniement prépare à la rencontre des textes à lire. Les lectures à haute voix d'histoires faites par le maître, également dès la petite section d'école maternelle, constituent une imprégnation favorable à l'acquisition de ce langage.

L'enseignant entraîne les élèves à dialoguer dans le cadre de véritables discussions. L'objectif est l'acquisition des règles d'un échange verbal organisé ; la réussite de cette étape conditionne, pour une large part, les apprentissages ultérieurs.

**Le langage écrit** est abordé par le biais des histoires lues dès la petite section d'école maternelle (tout au long de l'école maternelle, les élèves sont mis en situation de rencontrer des œuvres du patrimoine littéraire et de s'en imprégner). Mais c'est en grande section[29] que la découverte du fonctionnement du code écrit devient un objectif important. Il ne s'agit pas d'un apprentissage, mais plutôt d'un processus d'imprégnation visant à aider l'enfant à construire des représentations relatives aux aspects fonctionnels (apprendre à nommer et à explorer un support d'écrit comme le livre) et structurels de l'écrit (sens conventionnel de la lecture-écriture, de gauche à droite, correction syntaxique, vocabulaire précis, varié et employé à bon escient).

**29.** La grande section de maternelle constitue la première année du cycle II ou cycle des apprentissages fondamentaux. Ce cycle comprend également le CP et le CE1. La grande section de maternelle appartient aussi au cycle I ou cycle des apprentissages premiers qui comprend également et successivement la petite section, puis la moyenne section de maternelle.

Certaines activités vont très directement préparer l'enfant à l'acquisition du principe alphabétique. En effet, les élèves découvrent tôt le plaisir de jouer avec les mots : progressivement, ils discriminent les sons et peuvent effectuer diverses opérations sur ces composants de la langue (localiser, substituer, inverser, ajouter, combiner...). Cela les amène à prendre conscience des réalités sonores de la langue[30] ; ils comprennent alors que les lettres de l'alphabet représentent ces sons dans des mots familiers et découvrent ainsi le principe alphabétique, nécessaire pour rentrer dans l'écrit.

**30.** Il s'agit d'isoler et de manipuler mentalement des unités sonores de la parole : rimes, syllabes et certains phonèmes suffisamment saillants sur le plan acoustique pour être accessibles à l'enfant prélecteur.

L'entrée dans l'écriture s'appuie sur les compétences développées par les activités graphiques qui font l'objet d'un enseignement guidé.

## 2. L'école élémentaire

L'école élémentaire s'appuie sur les compétences développées en maternelle pour faciliter l'entrée de l'élève dans la langue de l'école, qui est conçue comme une base indispensable des apprentissages. Dans cette perspective, l'école élémentaire se fixe notamment pour objectifs la structuration et l'enrichissement du vocabulaire et de la syntaxe, ainsi que le développement des capacités de traitement sémantique et pragmatique.

L'apprentissage du lire-écrire est une des préoccupations majeures du CP et du CE1. L'objectif est de doter l'enfant apprenant des compétences d'un lecteur autonome, à savoir, de la capacité à identifier de façon autonome des mots nouveaux en appliquant le principe alphabétique ; pouvoir identifier de façon directe les mots écrits connus et les mots irréguliers les plus fréquents.

Avant la fin du cycle II, on essaie de conduire l'enfant à un degré d'automatisation suffisant des processus d'identification des mots écrits afin de lui permettre un accès aisé et autonome à la compréhension du texte lu. L'apprentissage de la lecture et celui de l'écriture sont menés conjointement et de façon interactive, le cycle II jetant les bases de l'acquisition de l'orthographe lexicale et de l'orthographe grammaticale.

La maîtrise du langage oral et du langage écrit demeure le pôle prioritaire en cycle III[31]. Le programme comporte des activités propres au langage et des activités transversales[32]. Les activités propres au langage comprennent plusieurs champs disciplinaires : français (langage oral, lecture à haute voix, lecture, écriture, littérature, rédaction), étude de la langue française (vocabulaire, grammaire, orthographe), langue vivante. Il est ainsi demandé à l'école de faire en sorte qu'aucun élève ne quitte l'école primaire sans une assurance minimale dans le maniement du langage oral et du langage écrit lui permettant d'être suffisamment autonome pour travailler et progresser au collège.

31. Le cycle III ou cycle des approfondissements comprend successivement le CE2, le CM1 et le CM2.

32. La maîtrise du langage est présente dans toutes les activités du cycle III ; elle a une place précise dans chaque progression d'apprentissage et fait l'objet d'évaluations régulières.

## B. Comment apprendre à lire

Les instructions concernant l'apprentissage de la lecture sont aujourd'hui inscrites dans les programmes. Ces derniers, parus au Bulletin officiel de l'Éducation nationale du 19 juin 2008, précisent qu'au cours préparatoire « l'apprentissage de la lecture passe par le décodage et l'identification des mots et par l'acquisition progressive des connaissances et des compétences nécessaires à la compréhension des textes. Le code alphabétique doit faire l'objet d'un travail systématique dès le début de l'année. »

De plus ces programmes fournissent aux enseignants des repères précis quant aux objectifs à poursuivre dans les différents domaines de compétences qui concourent à l'apprentissage de la lecture, notamment en ce qui concerne l'acquisition du vocabulaire. Ces repères sont également déclinés par niveau de classe sous forme de progressions.

## C. Difficultés de l'évolution du langage : le rôle de l'école

Pour la majorité des enfants, le passage du milieu familial à l'école s'opère sans heurt. Toutefois, pour certains d'entre eux, ce passage va mettre en lumière l'expression de difficultés parmi lesquelles les difficultés langagières orales suscitent un intérêt particulier. Les difficultés du langage oral exposent en effet au risque de difficultés du langage écrit, qui génèrent elles-mêmes, pour une très large part, l'échec scolaire.

Le repérage à l'école des difficultés du langage oral s'impose ainsi comme un élément fondamental de la prévention des difficultés d'acquisition du langage écrit. Ce repérage vise à identifier, dans une population a priori sans problématique particulière, des enfants présentant des difficultés langagières à un stade précoce, dans le but de réaliser des investigations complémentaires et de prendre des mesures d'aide et de prévention.

## 1. Le repérage

Le rôle premier de l'enseignant est de suivre les progrès de ses élèves et de créer les conditions pour les susciter.

L'école maternelle est le lieu privilégié du repérage des difficultés des conduites langagières et de communication. Ce repérage est le plus précoce possible, soit en petite section de maternelle alors que les enfants sont âgés de trois ans et demi en moyenne. Du point de vue de l'efficacité des aides susceptibles d'être apportées, deux raisons principales justifient la précocité du repérage. Sur le plan du développement linguistique, la période des 3-4 ans est particulièrement dynamique, en particulier en ce qui concerne le lexique et la syntaxe. Sur le plan de l'organisation pratique d'une politique de prévention, on dispose de deux ans pour aider l'enfant à surmonter ses difficultés avant l'entrée au CP.

Si l'observation des conduites et des apprentissages est l'un des aspects quotidiens de la pratique enseignante, le repérage peut être également formalisé par une méthode. Dans cette perspective, des questionnaires sont proposés aux enseignants : ils présentent l'inconvénient de laisser place à une certaine subjectivité, mais ils ont en revanche l'avantage de pouvoir être documentés dans le cadre d'une observation quotidienne prenant en compte l'environnement de l'enfant. Ils supposent la formation préalable de l'enseignant.

Certains aspects du repérage peuvent être plus tardifs. Ainsi, en grande section de maternelle, alors que les enfants sont âgés de cinq ans et demi en moyenne, il est possible de repérer des difficultés dans des habiletés très directement corrélées à l'apprentissage du langage écrit, telles que les habiletés de conscience phonologique et du principe alphabétique.

## 2. L'évaluation

### *Les évaluations quotidiennes en classe*

Il est indispensable qu'un enseignant qui s'interroge sur l'activité langagière d'un élève se donne les moyens d'affiner sa connaissance de ce dont l'enfant est capable. Sur l'Intranet de l'Éducation nationale, il dispose d'évaluations, mais également de repères dans le tableau de progressivité des apprentissages à l'école maternelle et à l'école élémentaire.

L'enseignant pratique une prévention systématique par la pratique d'une différenciation pédagogique et une évaluation continue des compétences acquises par chaque élève.

*Les évaluations en grande section de maternelle*

L'évaluation des acquis des élèves en fin d'école maternelle est prévue par la circulaire définissant le livret scolaire. Cette évaluation prend comme référence le programme de l'école maternelle ; elle utilise une méthodologie adaptée à l'âge des enfants et est prévue dans quatre domaines, en particulier dans la maîtrise de la langue orale et l'entrée dans l'écrit.

*Les évaluations nationales*

Elles se situent au niveau du CE1 et du CM2. Elles ont pour objectif de mesurer les acquis des élèves en français (oral et écrit) et en mathématiques, en référence aux programmes, donc à des moments clés de la scolarité des élèves. C'est un outil qui permet aux maîtres de savoir où en est chaque élève par rapport au programme, pour lui apporter l'aide dont il a besoin.

De plus, elles vont aider le maitre à disposer d'un ensemble d'informations pour évaluer l'efficacité des enseignements dans la classe et même dans l'école.

C'est un outil permettant de savoir combien sont les élèves en difficulté, où ils sont et comment la situation évolue pour mieux gérer les moyens disponibles et donner aux parents toutes les informations auxquelles ils ont droit.

L'analyse des résultats de l'évaluation permet de conduire les équipes enseignantes à une meilleure compréhension des difficultés de chaque élève pour mieux conduire les aides personnalisées.

## 3. Les aides

*Les aides personnalisées*

Si l'élève présente des difficultés langagières, dès l'école maternelle, la possibilité de lui apporter de l'aide a été prévue dans un nouveau dispositif. L'enseignant, dans le cadre des deux heures d'aide personnalisée, peut lui apporter un véritable soutien en organisant une approche différente des apprentissages.

Au CM1 et au CM2, les élèves peuvent accéder à des stages de soutien pendant les vacances de printemps et d'été, qui peuvent porter sur le domaine de la langue.

*L'intervention du Rased*

Dans tous les cas où un enfant présente des difficultés plus particulières, l'enseignant peut faire appel au Rased (Réseau d'aides spécialisées aux élèves en difficulté). Les enseignants de ces réseaux spécialisés viennent renforcer les équipes pédagogiques en apportant des compétences spécifiques permettant de mieux analyser ces situations particulières et de construire des réponses adaptées. Cet appel au Rased est réalisé avec l'accord de la famille, en relation avec l'enseignant de la classe. Mis en place par le ministère de l'Éducation nationale en 1990, les Rased sont des structures qui interviennent dans des écoles maternelles et primaires. Ils encouragent la concertation à l'intérieur de l'école entre l'élève, les enseignants et la famille, et favorisent la prévention par des observations, des évaluations et des bilans.

Chaque Rased est constitué en général – et au minimum – d'un psychologue scolaire et d'un enseignant spécialisé.

Parmi ses nombreuses missions, le psychologue scolaire intervient dans la réalisation de bilans visant à évaluer le développement mais également les potentialités de l'enfant dans ses composantes sociales, affectives et intellectuelles.

Les interventions des enseignants spécialisés sont à dominante rééducative ou pédagogique : elles visent à ajuster les conduites émotionnelles, corporelles et intellectuelles, à restaurer le désir d'apprendre et l'estime de soi, à améliorer la capacité de l'élève à dépasser les difficultés qu'il éprouve dans les apprentissages, à maîtriser les méthodes et techniques de travail et à prendre conscience de ses progrès par l'expérience de la réussite.

Par exemple, en matière de lecture, la notion de difficulté peut être confirmée par la pratique d'un test de niveau (ex. : vitesse et précision des habiletés de déchiffrement) et le constat d'un écart significatif entre le niveau observé et le niveau escompté. Toutefois, pour utile qu'elle soit, cette évaluation ne permet pas d'agir sur le plan de la remédiation[33] car elle ne livre aucune information sur les procédures de traitement de l'écrit mises en oeuvre par l'enfant. Pour évaluer la lecture, il est en effet indispensable de se référer à des modèles théoriques susceptibles de rendre compte du fonctionnement du lecteur expert, mais également de l'évolution des mécanismes de lecture entre l'état initial du sujet prélecteur et l'état final du lecteur expert.

En référence au modèle psycholinguistique de la lecture experte, l'évaluation des procédures d'identification des mots écrits consiste à proposer à l'enfant d'identifier des listes de mots et de pseudomots isolés[34] dont on fait varier la longueur et la complexité (ainsi que la régularité et la fréquence pour les mots). De façon très schématique, l'échec dans l'acquisition de la procédure d'identification par médiation phonologique (voie indirecte ou d'assemblage) se traduit par de sévères difficultés à identifier des mots et surtout des pseudomots[35], spécialement quand ils sont longs et complexes.

Le recours aux modèles théoriques de lecture permet ainsi de compléter les données d'évaluations construites selon un point de vue normé (la performance est interprétée relativement à

**33.** La langue écrite est un code arbitraire, son apprentissage nécessite donc une médiation mise en oeuvre par un expert (le pédagogue). L'échec de cette médiation conduit à une remédiation dont la cohérence est liée à l'analyse préalable des raisons de l'échec initial.

**34.** Le contexte de mots isolés permet de cibler au mieux les habiletés de déchiffrement. En contexte linguiste et / ou imagé, l'enfant peut en effet s'aider de prises d'indices pour identifier les mots.

**35.** Ce constat en apparence paradoxal est lié à la capacité de nombreux enfants à « hypertrophier » la stratégie logographique. On admet que deux cent cinquante à trois cents mots peuvent ainsi être stockés.

celle d'un échantillon représentatif de la population) par celles d'évaluations construites selon un point de vue critérié. Selon ce point de vue, les performances ne sont plus simplement évaluées en référence à celles d'une population, mais en référence aux stades hiérarchisés d'un modèle de développement.

Suivant une démarche consistant à lier intrinsèquement théorie, évaluation et remédiation, on peut ainsi, d'une part, situer avec une relative précision le niveau atteint par un enfant dans un cursus développemental de lecture (ex. : un « blocage » développemental au stade logographique, en référence au modèle développemental de Frith) et, d'autre part, réaliser pour cette compétence donnée un inventaire des habiletés acquises par l'enfant et de celles qu'il lui reste à acquérir.

L'évaluation des habiletés d'orthographe consiste plus particulièrement en l'examen du degré de maîtrise des différentes graphies[36] (manières dont un mot est écrit). L'évaluation d'habiletés intellectuelles fortement corrélées à l'acquisition du langage écrit complète l'évaluation ; elle concerne en particulier la conscience phonologique et la mémoire verbale à court terme.

Les données d'une évaluation du langage écrit sont confrontées aux données relatives au langage oral. Dans ce domaine, il s'agit d'étudier les aspects formels (phonologie, lexique et morphosyntaxe), ainsi que les aspects sémantiques et pragmatiques du langage sur les versants de la production et de la compréhension.

L'interprétation des difficultés langagières à l'école, interprétation dont dépend la nature des aides proposées, constitue une phase particulièrement complexe et délicate. Ainsi, on peut concevoir que les qualités des relations affectives au sein de la famille conditionnent pour une large part le degré de disponibilité intellectuelle pour les apprentissages.

Il est également légitime de prendre en compte le contexte socioéconomique et culturel, dont dépendent à la fois la nature des représentations relatives à l'écrit (valeurs sociale et culturelle de l'écrit, connaissance des supports de l'écrit, connaissances relatives à ses modalités d'apprentissage...) et la qualité de la médiation linguistique orale au sein de la cellule familiale. Les pratiques langagières intrafamiliales déterminent en effet la nature plus ou moins « scolairement rentable » du capital linguistique de l'enfant, tant dans ses aspects formels (richesse du vocabulaire, connaissance des formes syntaxiques et des usages de la langue) que dans ses aspects élémentaires (maîtrise du système phonologique).

Les causes sont le plus souvent à caractère plurifactoriel ; dans ce contexte, il peut être difficile de faire la part des influences respectives des carences socioéconomiques, des

**36.** Les capacités à orthographier reposent notamment sur la maîtrise de graphies de quatre types.
- Graphies consistantes acontextuelles : les règles de correspondance phonographémique sont systématiques et indépendantes du contexte (ex. : le phonème /p/ s'écrit toujours avec la lettre « p »).
- Graphies consistantes contextuelles : les règles de correspondance sont systématiques dans le contexte où elles s'inscrivent (ex. : la voyelle nasale /a/ s'écrit avec la lettre « m » devant « b » ou « p »).
- Graphies inconsistantes contextuelles : les correspondances phonographiques ne sont pas systématiques et dépendent du contexte dans lequel elles s'inscrivent (ex. : il y a une règle dominante selon laquelle /s/ devant « e » ou « i » s'écrit « s », et une règle minoritaire selon laquelle /s/ devant « e » ou « i » s'écrit « c »).
- Graphies dérivables par la morphologie : ces graphies muettes peuvent être dérivées par la morphologie (ex. : le « t » de « haut »). Les graphies indérivables ne sont pas justifiées par un lien morphologique évident (ex. : le « s » de « jus » ou le « t » du mot « appétit »).

insuffisances éducatives et affectives, et des pratiques pédagogiques inadaptées.

Toutefois, les difficultés langagières orales et / ou écrites observables à l'école ne sont pas toutes liées à la famille, à l'école ou à la société. Ces difficultés peuvent également constituer l'expression d'un trouble. Il s'agit alors **d'articuler** les pratiques pédagogiques et les pratiques médicales afin que ce trouble soit repéré, diagnostiqué et qu'un traitement lui soit opposé.

## EN RÉSUMÉ

La prévention des difficultés langagières orales et écrites constitue un objectif prioritaire de l'école.

L'organisation de la prévention comporte cinq aspects principaux.

1) **Le repérage** doit être le plus précoce possible :
– en petite section de maternelle pour le repérage des difficultés du langage oral ;
– en grande section de maternelle pour le repérage d'enfants présentant un risque de difficultés de lecture ;
– en fin de CP ou début de CE1 pour le repérage d'enfants en difficulté d'acquisition du langage écrit.

2) **L'évaluation** concerne en particulier les aspects formels du langage oral, les procédures de traitement du langage écrit, ainsi que certaines compétences cognitives qui lui sont associées.

3) **L'interprétation** consiste, dans un contexte habituellement plurifactoriel, à isoler la ou les causes potentielles et pédagogiquement accessibles des difficultés langagières.

4) **La remédiation** doit être théoriquement fondée ; elle est intrinsèquement liée aux données de l'évaluation et de son interprétation.

5) **L'articulation** des compétences pédagogiques et des compétences médicales : une difficulté langagière peut en effet constituer l'expression d'un trouble dont le dépistage, le diagnostic et le traitement se situent dans le champ de la santé.

# Les aspects pathologiques de l'évolution du langage : la notion de « troubles spécifiques du langage »

Les inadéquations entre les attentes plus ou moins explicites de l'enfant en matière de médiation linguistique orale et / ou écrite, les besoins identifiés par la famille, l'école, la société et les réponses proposées par ces dernières pèsent sur l'évolution du langage de l'enfant. Ces inadéquations sont potentiellement source de difficultés ; il appartient à l'école d'en réaliser le repérage, l'évaluation et la remédiation.

Toutefois, les difficultés de l'évolution du langage de l'enfant peuvent également être la conséquence d'un processus pathologique. Dans un tel contexte, la notion de trouble se substitue à la notion de difficulté. Cette notion est spécifiquement médicale : le dépistage, le bilan diagnostique et l'élaboration d'un projet thérapeutique relèvent du champ de la santé.

## I. LES TROUBLES DE L'ÉVOLUTION DU LANGAGE

Outre leurs conséquences sur la capacité de l'enfant à communiquer, les troubles du langage peuvent constituer la première manifestation de diverses pathologies. Ils précèdent également les difficultés d'apprentissage scolaire. Il existe en effet un consensus sur le fait que les enfants présentant un trouble précoce du langage oral ont un risque plus élevé, par rapport aux enfants dont l'évolution langagière a été normale, de rencontrer des difficultés dans les acquisitions scolaires, en particulier dans l'apprentissage du langage écrit. On peut dès lors concevoir l'utilité d'un dépistage précoce des troubles de l'évolution du langage. Ce dépistage suppose en premier lieu une connaissance précise de la symptomatologie linguistique.

## A. Les aspects neuropsychologiques du langage

La neuropsychologie du langage (ou neuropsycholinguistique) est la discipline qui a pour objet l'étude des relations entre le langage et les structures cérébrales. Cette discipline s'est développée depuis plus d'un siècle en se fondant sur l'observation de troubles langagiers d'adultes atteints de lésions cérébrales.

Toutefois, les données neuropsycholinguistiques observables chez l'adulte ne sont pas strictement transférables à l'enfant. D'une part, le cerveau de l'enfant est le siège d'évolutions morphologiques et fonctionnelles – alors que la maturation du cerveau de l'adulte est achevée – et, d'autre part, les connaissances relatives à la maturation du cerveau sont encore relativement restreintes et fragmentaires. La neuropsycholinguistique de l'enfant est par conséquent une discipline beaucoup plus récente et pour une large part en cours de développement.

### 1. Les principaux aspects de la neuropsychologie du langage chez l'adulte

Le cerveau est le siège d'une série de processus qui permettent la compréhension et la production du langage oral et du langage écrit. La compréhension d'un message verbal oral ou écrit suppose une première étape de réception ; celle-ci s'opère au niveau des organes périphériques que sont l'oreille pour le langage oral et l'oeil pour le langage écrit. Les informations recueillies au niveau périphérique sont transmises au cerveau. À ce niveau « central », la réception se traduit par l'émergence d'une sensation sonore et / ou visuelle dont l'analyse conduit à une perception[37], puis à l'interprétation de cette dernière. L'élaboration et la programmation cérébrales d'actions langagières orales et / ou écrites en direction de l'environnement extérieur précèdent leur production par la mise en oeuvre du système phonatoire-articulatoire et / ou de gestes graphomoteurs de l'écriture.

**37.** Une perception résulte de l'identification de la nature et des paramètres d'une sensation.

*Langage et cerveau : de la réception à l'interprétation*

Chez l'adulte, les fonctionnalités du langage se situent dans l'hémisphère gauche du cerveau (on parle de « latéralisation fonctionnelle » du langage à l'hémisphère gauche). Cette latéralisation concerne, que l'on soit droitier ou gaucher, près de 90 % de la population ; pour les 10 % restants, la latéralisation peut être droite *(situs inversus)* ou bilatérale. On pense actuellement que la latéralisation du langage à l'hémisphère gauche est fondée sur la constitution biologique innée et ne dépend pas de l'expérience. En d'autres termes, cette latéralisation serait inscrite dans nos gènes et présente dès la naissance.

La réception par le cerveau des informations visuelles du langage écrit et des informations sonores du langage oral est à l'origine de l'émergence de sensations (sensation de lumière, de

**Langage et cerveau : de la réception à l'interprétation**

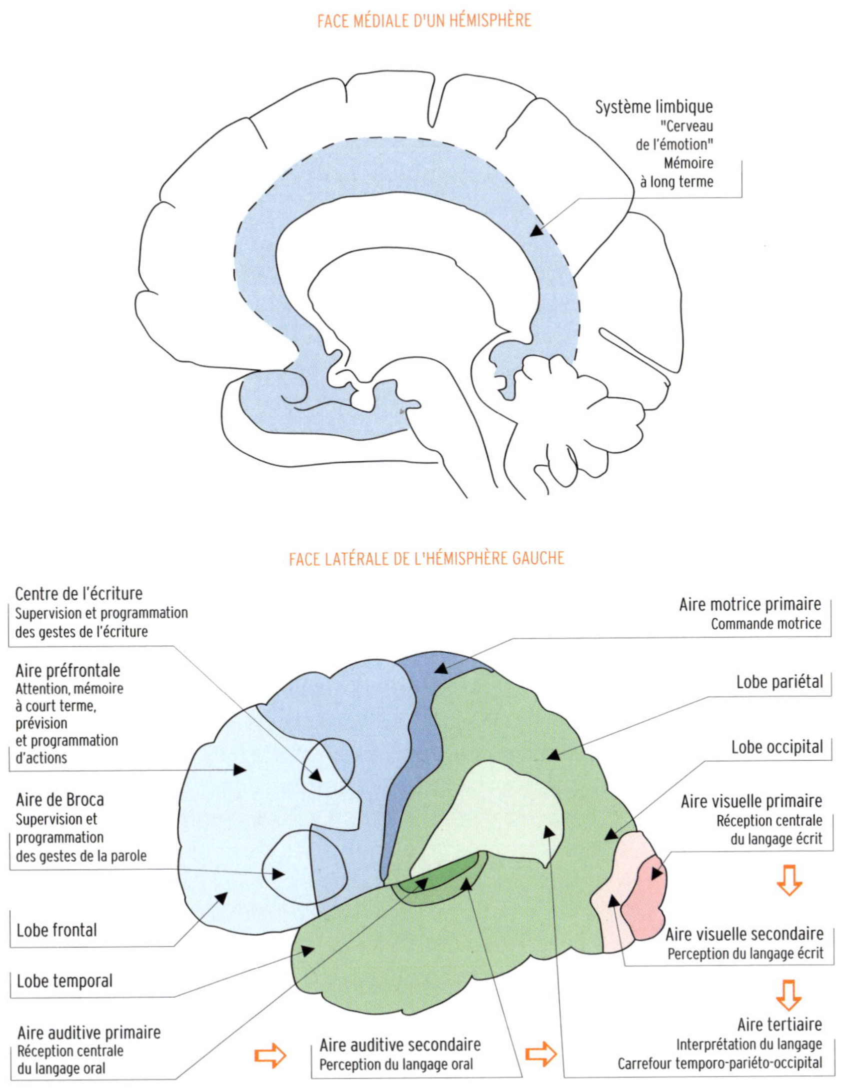

couleur...). Cette réception s'opère au niveau d'aires cérébrales dites « primaires ». La prise de conscience de la nature d'une sensation et de ses caractéristiques constitue le processus de la perception[38] qui s'opère au niveau d'aires cérébrales dites « secondaires ».

La compréhension du langage oral et celle du langage écrit siègent au niveau d'aires cérébrales dites « tertiaires ». Le traitement des aspects morphologiques, syntaxiques et sémantico-pragmatiques siègent au niveau d'un territoire partagé à la fois par le lobe temporal, le lobe pariétal et le lobe frontal de l'hémisphère gauche : le carrefour temporo-pariéto-occipital.

Pour le langage oral, la reconnaissance des mots pleins[39] est liée à une activation diffuse des deux hémisphères ; en revanche, la reconnaissance des mots fonctionnels est de façon préférentielle le fait de l'hémisphère gauche. Pour le langage écrit, les données récentes de la neuro-imagerie fonctionnelle suggèrent que les signaux graphiques perçus au niveau des aires visuelles secondaires des deux hémisphères et orientés vers le carrefour pariéto-temporo-occipital gauche peuvent emprunter deux circuits fonctionnels : un circuit « dorsal », qui serait constitué par un pont direct entre l'aire de Broca[40] et la partie inférieure du carrefour pariéto-temporo-occipital gauche[41], et sur lequel reposerait la reconnaissance des mots chez les lecteurs experts ; un circuit ventral, qui serait constitué par une zone plus vaste du carrefour pariéto-temporo-occipital gauche (zone également reliée à l'aire de Broca) et qui permettrait l'intégration des caractéristiques orthographiques et phonologiques des mots. Ce circuit ventral prédominerait chez l'apprenti lecteur débutant.

La compréhension du langage requiert la mobilisation de capacités d'attention et de mémoire. Les aires préfrontales, situées dans la partie la plus ventrale des lobes frontaux, sont le siège des opérations de la mémoire de travail (ou mémoire à court terme). De cette forme de mémoire dépendent les aptitudes à planifier et à organiser les pensées et les actions, ainsi que les facultés de comprendre le langage et d'intégrer de nouveaux apprentissages. Les aires préfrontales interviennent également dans la régulation de l'attention et de l'humeur.

La compréhension du langage nécessite par ailleurs l'intervention d'un système intellectuel de mémoire à long terme permettant la récupération des aspects sémantiques mais également de la charge symbolique et émotive des mots lus ou entendus. Ces opérations siègent au niveau du système limbique, dont certaines structures sont visibles sur la face médiale des hémisphères. Le système limbique est également le siège de la manifestation des émotions. Il s'agit de comportements instinctifs fondamentaux

**38.** Une sensation sonore peut être liée à la parole, à la musique ou aux bruits de l'environnement. Le processus de perception permet l'identification de la nature des informations sonores.

**39.** Les mots pleins sont les mots importants sur le plan sémantique. Par exemple, dans la phrase « Le skieur plante son bâton », les mots « skieur », « plante » et « bâton » sont des mots pleins ; « le » et « son » sont des mots outils, également appelés « mots fonctionnels ».

**40.** Aire située dans la partie postérieure de la troisième circonvolution frontale et spécialisée en particulier dans la programmation articulatoire.

**41.** Située à la jonction du lobe occipital et du lobe temporal au niveau du gyrus fusiforme, cette zone serait impliquée dans le traitement de la forme visuelle des mots.

liés aux motivations alimentaires (faim, appétit), aux instincts de conservation en cas de danger (agressivité, fuite) et aux instincts fondamentaux de la sexualité.

*Langage et cerveau : de la programmation à la production*

Lors d'un échange verbal, les aptitudes à planifier, à organiser et à formuler un énoncé sont principalement le fait des aires préfrontales. Le choix des éléments lexicaux en fonction du contenu sémantique s'opère en mobilisant le système mental de la mémoire à court terme et en activant les aires cérébrales tertiaires du carrefour pariéto-temporo-occipital. Les éléments lexicaux sont dans un second temps transmis à l'aire de Broca. Située dans la partie postérieure de la troisième circonvolution frontale, celle-ci est dédiée à la formulation et à la programmation syntaxiques, ainsi qu'à l'élaboration des programmes moteurs phono-articulatoires. L'aire de Broca est en relation avec le carrefour pariéto-temporo-occipital. Les informations sont enfin transmises à l'aire somatomotrice (ou aire motrice primaire). Il s'agit d'un véritable clavier de commande assurant la contraction élémentaire de tous les muscles.

En situation de production écrite, le schéma fonctionnel décrit ci-dessus demeure en partie valable. La « sortie motrice » constituée par l'aire de Broca en production orale est toutefois remplacée par le « centre de l'écriture ».

La lecture oralisée (lecture à voix haute) repose sur les circuits unissant les aires postérieures du langage à l'aire de Broca.

## 2. Modélisation neuropsychologique du langage

Les modèles neuropsycholinguistiques présentent l'intérêt, par rapport aux modèles psycholinguistiques, de dépasser l'observation de surface et de faire des hypothèses sur les mécanismes neuropsychologiques sous-jacents dans le cadre d'un fonctionnement normal ou pathologique.

Concernant le langage oral, par exemple, ces modèles comportent trois niveaux :

- **un premier niveau périphérique** « d'entrée » auditive et de « sortie » orale. Ce premier niveau correspond en « entrée » aux mécanismes de réception périphérique (l'oreille) et de réception centrale (aire auditive primaire qui rend compte de la sensation sonore). En « sortie », il correspond à la commande motrice et au contrôle régulé de la musculature phonatoire ;
- **un niveau d'intégration gnosique** (processus de perception au niveau de l'aire auditive secondaire) **et praxique** (programmation des aspects moteurs de la parole au niveau de l'aire de Broca) ;
- **le niveau des opérations intellectuelles langagières.** Sur le plan fonctionnel, il s'agit du traitement des aspects formels

(phonologie, lexique et morphosyntaxe) et des aspects sémantiques et pragmatiques du langage. À ce niveau, le langage reçu investit la pensée (aspect « réception ») et la pensée programme la réalisation linguistique (aspect « réalisation »). Sur le plan anatomofonctionnel, ce niveau de traitement correspond aux aires linguistiques du cortex associatif tertiaire.

Autre intérêt des modèles neuropsycholinguistiques : ils prennent en compte les processus attentionnels et de mémoire mis en jeu dans le langage.

**Modèle neuropsycholinguistique simplifié (langage oral)**

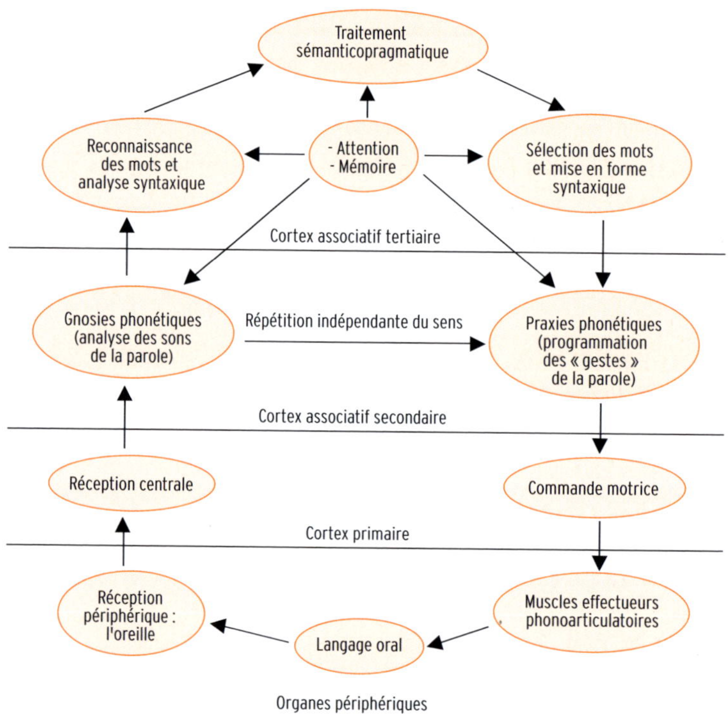


## 3. Aspects neuropsychologiques de l'évolution du langage chez l'enfant

L'oreille est morphologiquement et fonctionnellement mature à la naissance. En revanche, la maturation de l'oeil n'est pas achevée : la vision est floue jusqu'à l'âge de trois mois environ et le champ visuel est plus étroit que celui de l'adulte jusqu'à l'âge de dix mois environ.

La maturation des nerfs impliqués dans la production de la parole est achevée à la naissance. En revanche, la maturation des voies auditives (de l'oreille au cerveau) se prolonge jusqu'au sixième mois de vie extra-utérine (le seuil auditif est de l'ordre de 70 à 90 dB à la naissance[42]). La maturation des voies optiques (de l'oeil au cerveau) est quant à elle plus rapide : elle est achevée à la fin du deuxième mois.

Concernant les aires corticales, on observe une rapide augmentation de la surface et de l'épaisseur corticales durant les six premières années. Toutefois, si la surface corticale se stabilise au-delà de la sixième année, l'épaisseur tend quant à elle à se réduire à partir de l'adolescence. Les modifications morphologiques s'accompagnent d'un développement fonctionnel des territoires corticaux.

D'une façon générale, les aires primaires (commande motrice simple sur le versant moteur / réception centrale des informations, en particulier visuelles et auditives sur le plan sensitif) se développent avant les aires secondaires (programmation motrice sur le versant moteur / perception sur le versant sensitif), qui elles-mêmes se développent avant les aires tertiaires (supervision et élaboration des programmes moteurs sur le versant moteur / interprétation sur le versant sensitif).

42. Cela signifie que la voix humaine est perçue par le nouveau-né à condition qu'elle soit suffisamment forte et proche du pavillon de l'oreille.

**Développement fonctionnel des territoires corticaux**

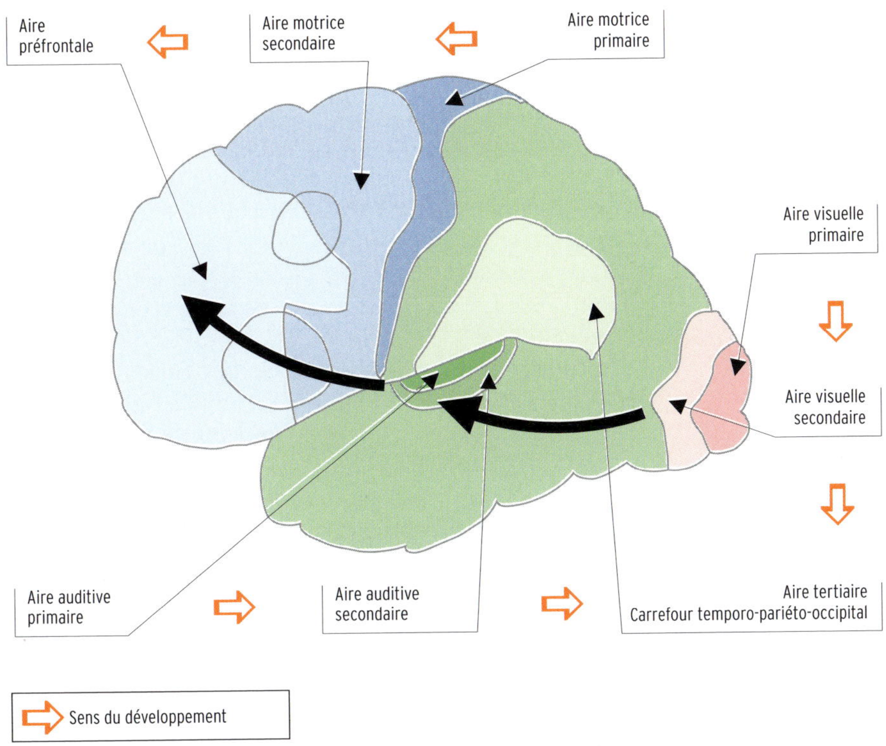

Par ailleurs, les aires occipitales (traitement visuel) se développent avant les aires temporales (traitement auditif), qui elles-mêmes se développent avant les aires frontales et en particulier les aires préfrontales (attention, vigilance, prévision et programmation d'actions). Ce processus de maturation s'étend sur une dizaine d'années. Ainsi, la maturation des aires préfrontales ne s'achève que peu de temps avant la puberté.

La lente maturation du cerveau rend compte des difficultés à modéliser les aspects neuropsycholinguistiques de l'enfant. Par ailleurs, on doit envisager le risque d'approximations résultant de l'interprétation des troubles de l'évolution du langage sur la base de modèles adultes. Le système nerveux de l'enfant se caractérise en effet par une importante plasticité anatomofonctionnelle : des capacités d'adaptation particulièrement performantes aux évènements imprévus peuvent venir modifier le programme génétique en enrichissant celui-ci ou bien en diminuant les conséquences négatives d'éventuelles agressions.

## B. Du dépistage au diagnostic

Le dépistage est une notion spécifiquement médicale : il a pour objectif d'identifier, dans une population a priori en bonne santé, des sujets porteurs d'une maladie ou d'une anomalie donnée, à un stade précoce, dans le but de réaliser des examens complémentaires et de prendre des mesures préventives ou thérapeutiques.

En matière de langage oral et / ou écrit, le dépistage s'assigne deux objectifs : identifier des déficits linguistiques éventuellement très subtils avant qu'un trouble avéré de l'évolution du langage ne se manifeste ; orienter le choix des investigations complémentaires susceptibles de confirmer la notion de déficit, d'en préciser l'origine et les indications thérapeutiques qui en découlent.

L'évaluation neuropsycholinguistique est quant à elle une procédure exploratoire longue et complexe qui nécessite le recours à des compétences spécifiques pluridisciplinaires.

Dans l'état actuel des connaissances, il est quasi impossible d'établir une corrélation entre un déficit linguistique spécifique et une cause possible. Le dépistage de déficits linguistiques doit s'inscrire dans le cadre d'un bilan médical. Ce bilan vise notamment à rassembler les antécédents médicaux personnels et familiaux, à apprécier la qualité des équipements sensoriels (visuels et auditifs en particulier) et moteurs, à évaluer l'intégrité des fonctions cognitives et à pratiquer un examen somatique.

Étant donné la nature spécifiquement médicale du dépistage, il est donc logique que le médecin en soit l'acteur principal. Il peut s'agir d'un médecin d'un service de protection maternelle et infantile (PMI), d'un médecin de l'Éducation nationale, d'un médecin pédiatre ou d'un médecin généraliste. Si le dépistage peut être réalisé sur le constat de comportements langagiers « remarquables » signalés par la famille, l'école ou dans le cadre du suivi d'enfants « à risque »[43], il a pour vocation essentielle de s'inscrire dans le cadre de bilans systématiques réalisés à trois âges clés : quatre ans (âge où sont acquises les compétences langagières de base), six ans (âge d'accès aux apprentissages fondamentaux, notamment celui du langage écrit[44]), 7,5-8 ans (âge auquel les troubles d'acquisition du langage écrit peuvent être dépistés).

Le dépistage peut conduire à l'identification de déficits linguistiques de deux types : les déficits secondaires et les déficits spécifiques. Les déficits linguistiques secondaires sont des déficits du langage oral et / ou écrit secondaires à une pathologie (par exemple, à l'épilepsie). Les déficits linguistiques spécifiques sont isolés ou primaires : on évoque alors les notions de « troubles spécifiques du développement du langage » (langage oral) et / ou de « troubles spécifiques d'apprentissage de la lecture ».

43. Il s'agit par exemple des enfants présentant des antécédents familiaux de troubles du langage ou des enfants épileptiques. L'épilepsie est une maladie à haut risque de conséquences cognitives, en particulier dans le domaine des opérations cognitives linguistiques.

44. Ce bilan est obligatoire pour tous les enfants entre cinq et six ans d'après le livre I du code de la santé publique.

## II. LES DÉFICITS LINGUISTIQUES SECONDAIRES

On admet que ces déficits affectent, à des degrés divers, 2 à 3 % des enfants d'une classe d'âge.

### A. Les déficits linguistiques secondaires à une pathologie acquise

Ces déficits sont divers et variés. De façon très schématique, et en référence à une modélisation neuropsycholinguistique, on distingue :

#### 1. Les déficits secondaires à une atteinte des aires corticales associatives tertiaires du langage

Ils se caractérisent par une altération du traitement des aspects formels (phonologie, lexique et morphosyntaxe) et des aspects sémantiques et pragmatiques du langage. Il s'agit principalement des aphasies qui se définissent par une détérioration du langage consécutive à une lésion cérébrale acquise. Cependant, chez l'enfant, on ne parle généralement d'aphasie proprement dite que lorsque la lésion survient après l'âge d'acquisition du premier langage, soit au-delà de deux ans. Les aphasies peuvent être d'origine vasculaire, infectieuse, tumorale ou traumatique.

À ce niveau d'analyse neuropsycholinguistique, on peut aussi signaler les alexies et les agraphies acquises qui peuvent entraîner des pertes des apprentissages antérieurs et / ou une incapacité d'apprentissage dans les domaines respectifs de la lecture et de l'écriture.

## 2. Les déficits secondaires à une atteinte des aires associatives secondaires

Ils peuvent être d'ordre gnosique ou praxique. Les déficits gnosiques affectant le versant de la réception (versant perceptif ou gnosique) constituent dans les formes sévères un tableau d'agnosie verbale : la compréhension du langage oral est impossible, alors que l'audition est normale. Ces formes d'agnosie sévère ont été le plus souvent décrites dans le cadre de pathologies acquises associées à l'épilepsie sous le terme de syndrome d'aphasie acquise avec épilepsie (ou syndrome de Landau-Kleffner). Les déficits praxiques affectant l'organisation des gestes de la parole (ou praxies articulatoires) ne se manifestent le plus souvent que par l'acquisition retardée d'un ou plusieurs gestes articulatoires. On parle alors de dyslalies. Exemple : le « ch » peut être produit avec une fuite latérale d'air ou schlintement. Mais il existe aussi des formes sévères : les apraxies verbales. Dans une forme complète, l'apraxie verbale n'autorise aucun développement de l'expression orale.

## 3. Les déficits secondaires à une altération fonctionnelle des aires primaires

Ils peuvent générer des déficits en « sortie » motrice et en « entrée » auditive.

En « sortie » motrice (production effective de la parole par le système phonoarticulatoire), on décrit des déficits de la commande et du contrôle de la motricité labio-glosso-pharyngée : les dysarthries. Celles-ci s'intègrent le plus souvent dans un tableau d'infirmité motrice cérébrale[45], mais elles peuvent aussi être isolées dans le cas des syndromes pseudobulbaires corticaux. Elles résultent de lésions cérébrales précoces et irréversibles mais aussi d'atteintes paralytiques acquises au cours de l'enfance. Centrales ou périphériques, elles peuvent par exemple s'inscrire dans un contexte traumatique ou chirurgical.

En « entrée » auditive (au niveau de l'oreille), la découverte d'une surdité profonde (seuil de perception auditive supérieur à 90 dB[46]) ou sévère (seuil auditif compris entre 70 et 90 dB) dans le cadre d'un bilan de dépistage des troubles du langage constitue une éventualité rare à l'âge préscolaire ou scolaire. L'impact[47] de ces surdités sur l'acquisition du langage est tel qu'elles sont en moyenne diagnostiquées avant l'âge de deux ans.

De même, les surdités moyennes (seuil auditif compris entre 40 et 70 dB) sont repérées le plus souvent avant l'entrée en

**45.** On parle d'infirmité motrice cérébrale quand un sujet présente des séquelles motrices définitives résultant de lésions cérébrales précoces et non évolutives (grande prématurité, ictère nucléaire - pratiquement disparu de nos jours - ou anoxie néonatale).

**46.** Un seuil de perception auditive supérieur à 90 dB signifie que la parole ou un bruit de l'environnement ne sont perçus que lorsque leur intensité est supérieure à 90 dB (soit, par exemple, le bruit produit par un marteau pneumatique).

**47.** En l'absence de diagnostic et de prise en charge précoces, les surdités sévères et profondes ont pour conséquence la mutité.

scolarité préélémentaire (soit avant l'âge de trois ans). Dans ce type de surdité, le langage n'est perçu que s'il est émis à forte intensité. L'enfant s'appuie spontanément sur la lecture labiale pour tenter de compenser son déficit mais, en l'absence d'appareillage prothétique et d'éducation auditive, se développe un tableau de retard sévère de parole et de langage.

Les surdités légères (seuil auditif situé entre 20 et 40 dB) sont en revanche rarement diagnostiquées avant l'âge de 5-6 ans. Ces déficits retentissent sur la compréhension de la parole chuchotée et sur la perception des sons lointains. Le handicap est certes minime, mais il peut être très préjudiciable à l'enfant pendant la période du développement du langage. Les qualités d'écoute doivent en effet être parfaites pour permettre l'élaboration du langage. La précision de l'analyse acoustique engendre la précision de l'enchaînement phonétique à l'intérieur du mot, et donc une meilleure individualisation et mémorisation du mot auquel s'attache le concept. Si l'analyse est perturbée, le langage oral se développe lentement, il est mal articulé et l'apprentissage du langage écrit risque de s'en trouver compromis.

Dans le contexte d'une surdité légère, l'otite moyenne séromuqueuse est l'entité la plus fréquente. Il s'agit d'une inflammation de l'oreille moyenne avec présence en son sein d'un exsudat visqueux. Cette inflammation évolue à bas bruit et ne s'accompagne pas de symptômes d'infection aiguë : elle est par conséquent le plus souvent cliniquement muette. Elle affecte 5 à 10 % des enfants (l'âge de trois ans est celui de la plus forte incidence). On peut donc concevoir que la découverte d'une otite séromuqueuse constitue une éventualité fréquente dans le cadre du dépistage des troubles du langage. Lorsque, après traitement, l'enfant récupère une audition normale, il ne rattrape pas pour autant rapidement son retard langagier sans une aide rééducative.

## B. Les déficits linguistiques secondaires à une psychopathologie

Les troubles du langage peuvent également s'inscrire dans un contexte psychopathologique : il s'agit des carences affectives précoces, des déficiences intellectuelles, et des troubles envahissants du développement.

### 1. Les carences affectives précoces

Si l'évolution du langage chez l'enfant résulte de l'interaction entre ses capacités propres et l'influence de son environnement, on doit prendre en compte les effets d'une insuffisance de stimulations sensorielles, affectives et sociales.

Une situation bien connue de carence partielle est celle de la maltraitance infantile. La maltraitance entraîne classiquement un retard de parole et de langage, l'expression étant plus atteinte que la compréhension : l'articulation est déficiente, le vocabulaire est pauvre, la maîtrise des formes syntaxiques est peu développée. Les troubles du langage coexistent habituellement avec un retard de croissance, un retard intellectuel et des difficultés majeures dans les apprentissages scolaires.

Le manque de stimulation verbale ne semble pas constituer le facteur le plus important dans la genèse des troubles observés. Cette carence partielle isolée n'entraîne en effet pas de retard de langage : les enfants de parents sourds qui communiquent avec leurs parents sur un mode non verbal présentent une évolution normale du langage oral. Il semble que le manque de stimulation verbale n'a de conséquences sur le développement de l'enfant que lorsqu'il est associé à une carence d'amour et d'affection. Cette carence a pour conséquence le défaut de participation de l'enfant à un système affectif de communication, condition déterminante de son développement. Il en résulte des inadaptations émotionnelles et sociales. L'enfant souffrant de carences affectives est en effet « désinhibé » au plan social : il ignore les différences qui existent dans les relations sociales et n'arrive pas à nouer de véritables relations affectives.

Amplement décrite au milieu du XXe siècle et habituellement désignée sous le terme d'hospitalisme, la carence institutionnelle indique des déficits sévères du développement physique et psychologique observables chez des nourrissons placés dans des institutions. En dépit d'une hygiène et d'apports nutritionnels satisfaisants, l'enfant souffre de l'impossibilité de créer des liens positifs avec un adulte sensible à ses besoins et qui lui apporte amour et tendresse. À la phase de prostration initiale, contemporaine de la séparation avec les proches, succèdent rapidement une phase de désespoir caractérisée par le refus de s'alimenter, puis une phase de détachement marquée par une tendance à l'isolement. L'hospitalisme est devenu une éventualité rare. Toutefois, dans certaines parties du monde, existent encore des institutions qui ne réunissent pas les conditions psychologiques minimales pour un développement correct des enfants.

Des carences totales ont pu être observées dans les cas extrêmes des « enfants sauvages ». Lors de leur découverte, aucun des ces enfants ne parlait. On se souvient en particulier du cas très symbolique de Victor, l'enfant sauvage de l'Aveyron trouvé en 1799 alors qu'il était âgé de douze ans environ. Les tentatives de rééducation furent vaines : Victor ne put acquérir le langage, ni la plupart des conventions sociales. Toutefois, son cas, comme d'ailleurs la plupart des cas historiques d'enfants sauvages, a posé le problème des raisons précises de l'abandon. On s'est demandé en particulier si les raisons de cet abandon n'étaient pas liées à une pathologie autistique ou à un retard intellectuel profond.

Quoiqu'il en soit, le fait que le langage ne puisse être rééduqué au-delà d'un certain âge suggère l'existence de périodes sensibles pour le développement du langage. Cette notion est encore discutée. Cependant, l'hypothèse selon laquelle le langage s'acquiert dans les douze premières années de la vie est largement acceptée. On observe en effet que le traitement précoce des carences environnementales, comme par exemple le placement d'un enfant maltraité en famille d'accueil, contribue à la récupération parfois rapide et totale du langage.

## 2. Les troubles envahissants du développement et l'autisme

L'autisme infantile constitue le prototype de ce que la nosographie pédopsychiatrique internationale nomme « trouble envahissant du développement ».

L'autisme infantile est un syndrome neurodéveloppemental dont la cause est neurobiologique et génétique, qui se définit comme un trouble « inné du contact affectif » pouvant se manifester dès les premières semaines de la vie ou n'apparaître, comme c'est souvent le cas, que vers deux ans.

L'autisme se manifeste, à des degrés divers et dans des proportions variables, par l'association de trois grands troubles. Le trouble des relations sociales est marqué par une tendance à l'isolement pouvant aller jusqu'à la fuite active du contact et à l'absence de regards adressés aux personnes. Le trouble de la communication verbale, mais aussi gestuelle, se manifeste par l'absence ou la rareté des demandes. Le trouble des consuites se manifeste par des activités restreintes et répétitives, par des stéréotypies posturales (balancements) ou/et des stéréotypies d'utilisation d'objet (faire tournoyer, secouer), avec, le plus souvent, une recherche d'autostimulation sensorielle. Dans certains cas, la restriction des intérêts peut porter sur un domaine encyclopédique très particulier. Certains jeunes enfants autistes peuvent lire les lettres, les chiffres, voire des nombres, alors qu'ils ne parlent pas. D'autres peuvent connaître tous les noms des dinosaures alors qu'ils ne peuvent pas nommer les images illustrant des objets de la vie courante.

L'autisme est généralement associé à un retard intellectuel que l'on qualifie volontiers d'hétérogène, à des troubles affectifs, avec des oscillations souvent rapides et brusques de l'humeur, des crises d'angoisse aiguës et une forte inquiétude face au changement et à l'imprévu. L'autisme est encore associé à un trouble du développement du langage. Le langage peut être totalement absent ou se développer de façon déviante. Par exemple, certains enfants autistes apprennent le langage par écholalie : en répétant des mots et des phrases (qu'ils entendent à la télévision, dans les dessins animés, par exemple). Quand ils accèdent au langage, les enfants autistes l'utilisent plus pour soliloquer que pour communiquer.

Les enfants autistes qui ont un bon potentiel intellectuel (ou bon QI) sont appelés « autistes de haut niveau ». En dépit de leurs maladresses relationnelles, sociales et communicatives, ces enfants parviennent à suivre, avec aides, une scolarité en milieu ordinaire. Ils peuvent apprendre à lire. Ils ont même tendance à devenir hyperlexiques, déchiffrant avec facilité les mots, phrases et textes écrits. La difficulté réside plus dans la compréhension et dans la capacité d'abstraire l'idée principale d'un texte écrit.

### 3. La déficience mentale et le retard mental

Lors d'un dépistage, la découverte d'une déficience mentale légère[48] est une éventualité fréquente pour au moins deux raisons : d'une part, sa prévalence est relativement élevée (environ 20 ‰) et, d'autre part, les aptitudes langagières sont les plus fragiles chez l'enfant déficient mental. L'enfant atteint de déficience mentale légère acquiert la complexité morphosyntaxique du langage oral ; il acquiert également le langage écrit. Toutefois, son évolution langagière se fait à un rythme très lent, de telle sorte qu'un retard d'acquisition de la parole et du langage constitue un signe d'appel habituel.

Près de 50 % des cas de déficience mentale légère sont d'étiologie inconnue. Dans un peu plus d'un cas sur trois, une pathologie acquise peut être incriminée : il peut s'agir d'une pathologie prénatale (ex. : rubéole congénitale), néonatale (ex. : détresse respiratoire) ou post-natale (ex. : traumatisme crânien au-delà du 28$^{e}$ jour de vie). L'importance du diagnostic précoce de déficience mentale légère est liée à la possibilité de mettre en place des soutiens spécifiques permettant au sujet déficient d'acquérir des connaissances scolaires et un langage oral suffisamment développé pour qu'une vie professionnelle adaptée puisse être envisagée.

**48.** La notion de déficience mentale implique des déficits de la capacité de la personne à répondre aux normes correspondant à son âge et à son environnement culturel dans des domaines tels que la communication, l'indépendance professionnelle, la vie sociale et les échanges interpersonnels, les apprentissages scolaires et professionnels. Si l'on se réfère au critère psychométrique, est déficient mental tout individu dont le score à des tests normalisés d'efficience intellectuelle correspond à un quotient intellectuel inférieur à 70. On distingue quatre degrés de déficience : déficience légère (Q.I. entre 69 et 50), moyenne (Q.I. entre 49 et 35), sévère (Q.I. entre 34 et 20) et profonde (Q.I. inférieur à 20).

## III. LES TROUBLES SPÉCIFIQUES DE L'ÉVOLUTION DU LANGAGE ORAL

La notion de trouble spécifique du développement du langage (TSDL) est définie par toute apparition retardée et tout développement ralenti du langage qui ne peuvent être mis en relation avec un déficit sensoriel, avec des troubles moteurs des organes de la parole, avec une déficience mentale, avec des troubles psychopathologiques, avec des carences socio-affectives graves, avec un dysfonctionnement ou une lésion cérébrale évidente.

Les TSDL affectent 4 à 6 % des enfants d'une classe d'âge, 1 % étant porteurs de formes sévères. On distingue deux types de TSDL : les retards simples de parole et de langage et les dysphasies de développement.

## A. Les retards simples de parole et de langage

Il s'agit de TSDL dits « bénins », dans la mesure où ils se comblent entre les âges de trois et cinq ans sans laisser de séquelles. Ils n'ont pas d'incidence particulière sur l'acquisition du langage écrit. Le cadre explicatif de ces troubles serait celui d'un simple retard de maturation. On distingue :

– **le retard de parole** : il s'agit d'une forme phonologique pure dans laquelle la programmation – c'est-à-dire le choix des phonèmes entrant dans la constitution d'un mot, ainsi que leur mise en séquence correcte – est perturbée. Par exemple, le mot /gato/ pourra être prononcé /tato/ ; en revanche, chez le même enfant, le phonème /g/ du mot « gare » peut être produit correctement ;

– **le retard de langage** : le déficit est à la fois phonologique et syntaxique. Aux symptômes du retard de parole s'ajoutent des difficultés à associer les mots en phrase et à manipuler les composantes grammaticales. La sévérité du retard de langage est variable : il peut s'agir au minimum de maladresses syntaxiques et, au maximum, d'un tableau proche de l'agrammatisme[49] avec des élisions (notamment des omissions de mots outils : articles, pronoms...) et l'absence de flexions verbales[50] (par exemple, les verbes sont le plus souvent employés à l'infinitif). Ce sont des perturbations normales au cours de l'évolution du langage, mais dont la persistance au-delà d'un certain âge conduit à poser le diagnostic de retard de développement.

49. L'agrammatisme se caractérise par une relative incapacité à construire des énoncés grammaticalement corrects (du type sujet-verbe-complément).

50. Il s'agit des terminaisons des verbes.

## B. Les dysphasies de développement

Contrairement aux retards simples de parole et de langage, les dysphasies développementales constituent des troubles significatifs, sévères et durables de l'évolution du langage oral.

### 1. Les principales caractéristiques des dysphasies

*La gravité des symptômes*

La dysphasie constitue un handicap sévère sur le plan de la communication. Ce constat est valable quelle que soit la forme clinique envisagée.

*Les troubles associés*

En matière de dysphasie, les troubles associés sont fréquents. Ils concernent en particulier la motricité fine (ils sont responsables dans ce domaine d'un certain degré de maladresse d'écriture), la mémoire verbale à court terme (mémoire phonologique de travail) et le comportement qui peut être altéré avec, à des degrés variables, une instabilité motrice (hyperkinésie) et psychique (irritabilité, intolérance aux frustrations, agressivité parfois).

*La notion de durabilité*

Les déficits linguistiques observables chez l'enfant dysphasique tendent, à des degrés variables, à persister à l'âge adulte.

Le caractère persistant des troubles, associé à un certain degré de résistance aux protocoles de rééducation, rend compte d'une évolution le plus souvent péjorative des apprentissages scolaires, et en particulier de l'apprentissage du langage écrit. Ainsi, selon certains auteurs, la plupart des enfants dysphasiques deviennent dyslexiques. Toutefois, ce constat doit être nuancé : selon d'autres auteurs, la dysphasie ne constituerait pas un facteur de risque pour la survenue d'une dyslexie développementale.

*La notion de déviance*

Elle pourrait signifier que le développement du langage des enfants dysphasiques est qualitativement différent du développement normal. Cette notion est à distinguer de la notion de langage retardé : dans ce dernier contexte, un enfant acquiert le langage à un âge plus tardif qu'un enfant normal. Le caractère déviant du développement langagier de l'enfant dysphasique est encore discuté mais certains marqueurs de déviance ont pu être proposés : les troubles de l'évocation lexicale, réalisés en particulier par le manque du mot (ex. : incapacité à nommer une image) ; les troubles de l'encodage syntaxique entraînant au pire un tableau d'agrammatisme (ex. : incapacité à construire une phrase élémentaire de type sujet-verbe-complément ou sujet-verbe- adjectif) ; les troubles de la compréhension verbale en dépit d'un stock lexical parfois normal ; l'hypospontanéité verbale (l'enfant s'exprime « à regret ») ; enfin, la dissociation automaticovolontaire (incapacité de certains sujets à produire des phonèmes sur demande, alors que ces phonèmes peuvent être produits spontanément).

*Le caractère structurel*

L'origine des dysphasies est probablement de nature multifactorielle : on conçoit en effet l'existence de facteurs liés en particulier à l'environnement relationnel et socioculturel. Toutefois, l'hypothèse du caractère structurel de la dysphasie de développement est étayée par un ensemble de données portant d'une part sur des aspects génétiques, d'autre part sur des aspects neurologiques. Depuis une vingtaine d'années, certaines recherches tendent en effet à conforter l'hypothèse de l'origine génétique de la dysphasie. On a ainsi pu observer des formes familiales de dysphasie, une prévalence plus élevée chez les garçons, des taux de concordance de la pathologie plus élevés chez les jumeaux monozygotes (enfants issus du même ovule) que chez les jumeaux dizygotes (enfant issus d'ovules différents). Enfin, on a pu localiser un gène impliqué dans l'acquisition du langage dont l'altération pourrait rendre compte de l'existence de certaines formes familiales de dysphasie.

Les données d'imagerie cérébrale plaident par ailleurs en faveur d'anomalies morphométriques des hémisphères cérébraux : les sujets dysphasiques présenteraient avec une plus grande fréquence des asymétries hémisphériques inverses (mais aussi des symétries) que les sujets du groupe de contrôle. Ces données sont toutefois accueillies avec prudence : l'asymétrie typique des hémisphères (hémisphère gauche plus développé que l'hémisphère droit) ne s'observerait que chez 60 à 80 % des sujets de la population générale.

*Les aspects thérapeutiques*

Si les retards simples répondent dans la grande majorité des cas de façon rapide et favorable à la rééducation orthophonique, la thérapeutique des dysphasies suppose quant à elle la mise en cohérence de multiples compétences issues des champs de l'éducation (psychologues scolaires, enseignants spécialisés) et de la santé (médecins, orthophonistes et neuropsychologues).

## 2. Classification des dysphasies

On regroupe classiquement les dysphasies en trois groupes.

– **Les dysphasies dont les troubles prédominent sur le versant expressif**

Il peut s'agir d'un trouble important de la programmation phonologique, avec une parole fluente mais peu ou pas du tout intelligible ou, à l'opposé, d'une atteinte sévère de l'articulation de la parole, avec une réduction de la fluence et parfois une absence totale de parole. Dans les deux cas, la compréhension (versant réceptif) est normale ou quasi normale.

– **Les dysphasies avec des troubles portant à la fois sur le versant réceptif et sur le versant expressif**

Le déficit phonologico-syntaxique constitue la forme la plus fréquente. Sur le versant expressif, la fluence verbale est troublée, l'articulation altérée, la syntaxe est défaillante avec, au maximum, un tableau d'agrammatisme. Sur le versant réceptif, la compréhension est réduite, mais dans des proportions moindres que ne le laisserait supposer l'importance des troubles de l'expression. Le déficit phonologico-syntaxique peut être majeur et par conséquent confiner au mutisme. L'association à une atteinte sévère, voire à une abolition de la compréhension, réalise un tableau proche de celui de l'agnosie auditivo-verbale.

– **Les dysphasies en rapport avec un trouble de la formulation du langage**

Il s'agit tout d'abord du déficit sémantique et pragmatique : la parole est fluente, les phrases correctement structurées et le vocabulaire adapté. En revanche, le langage est inadapté au contexte et la compréhension d'énoncés complexes est déficiente. Le déficit lexicosyntaxique est caractérisé quant à lui par une syntaxe immature et un trouble de la compréhension des énoncés complexes.

## IV. LES TROUBLES SPÉCIFIQUES DE L'APPRENTISSAGE DU LANGAGE ÉCRIT

La notion de « troubles spécifiques d'apprentissage du langage écrit » est médicale ; elle suppose l'existence d'un lien fonctionnel et spécifique entre une difficulté de lecture et un processus pathologique du développement. Il faut par conséquent, à l'instar de la dysphasie, envisager un trouble durable, sévère et d'origine structurelle de l'apprentissage du langage écrit.

Les troubles spécifiques d'apprentissage du langage écrit sont regroupés sous le terme générique de « dyslexie de développement ». On définit classiquement la dyslexie développementale sur la base de critères d'exclusion : elle est évoquée lorsque des difficultés d'apprentissage du langage écrit se manifestent chez des enfants d'intelligence normale ne souffrant d'aucune défaillance neurologique, sensorielle, psychiatrique ou socioculturelle avérée. Cette définition présente les inconvénients d'une définition en creux : elle précise ce que n'est pas la dyslexie, mais elle n'offre aucune piste en termes de démarche de diagnostic et de traitement. Toutefois, les insuffisances d'une telle définition doivent être appréciées en fonction d'un contexte scientifique : concernant la dyslexie, et malgré un corpus impressionnant de données scientifiques accumulées depuis plus d'un siècle, aucune cause « matérialisable » n'est à ce jour isolée.

La prévalence de la dyslexie de développement est estimée de 3 à 5 % ; cela signifie que chaque année, 40 000 enfants futurs dyslexiques intègrent la classe du CP, près de 1 % d'entre eux étant porteurs d'une déficience sévère.

## A. Les principaux modèles explicatifs de la dyslexie

Les études génétiques semblent soutenir l'hypothèse du caractère héréditaire de la dyslexie. Ainsi, la présence d'une anomalie sur le chromosome 15 a pu être mise en évidence chez certains membres de familles qui présentaient des difficultés de lecture. Certaines données issues d'études nécropsiques (études des tissus d'un sujet décédé) et d'études réalisées en imagerie médicale tendent par ailleurs à étayer l'existence de particularités du cerveau du sujet dyslexique.

Sur le plan neuroanatomique, certaines anomalies ont pu être relevées sur le cerveau d'anciens dyslexiques, en particulier l'existence d'une moindre asymétrie d'une zone temporale supérieure (le « planum temporal »), par rapport à ce qui est observé sur un cerveau « standard ». Plus récemment, l'examen du cerveau de sujets dyslexiques à l'aide de l'imagerie par résonance magnétique (IRM) a conduit à mettre en évidence une hypertrophie du corps calleux. Toutefois, on a également pu montrer que de nombreux dyslexiques ne présentent pas ces anomalies, dont certaines peuvent par ailleurs se retrouver sur des cerveaux de sujets non dyslexiques.

L'étude du cerveau en situation de lecture, rendue possible grâce au développement des techniques d'imagerie fonctionnelle, montre que le fonctionnement du cerveau de l'adulte dyslexique est qualitativement différent de celui du sujet normolecteur. Ces différences sont nettes dans l'hémisphère gauche au niveau temporal et pariétal (aires du cerveau connues comme étant le support de la parole, du langage et des activités linguistiques). Toutefois, on ne peut affirmer dans l'état actuel des connaissances que les différences de fonctionnement constatées entre dyslexiques et bons lecteurs sont les causes premières de la dyslexie : des modalités d'activation cérébrale différentes pendant la lecture peuvent être simplement liées au fait que les uns sont lecteurs et les autres en difficulté sévère de lecture, ce qui ne préjuge en rien de la nature du déficit.

Si les données d'études neuroanatomiques et d'imagerie médicale nous informent peu sur la ou les raisons des difficultés particulières de l'enfant dyslexique, certaines approches théoriques tentent cependant de délimiter le cadre de modèles explicatifs cohérents.

– **La théorie phonologique**

Les études relatives à l'évaluation des compétences phonologiques, auditives, visuelles et motrices de sujets dyslexiques, comparées à celles des normolecteurs de même âge, ont permis de mettre en relief la présence d'un déficit phonologique chez pratiquement tous les dyslexiques. En particulier, bon nombre de travaux indiquent d'une part que la grande majorité des enfants dyslexiques réussit moins bien les épreuves de conscience phonologique, de mémoire à court terme phonologique et de dénomination rapide que les enfants « contrôles » du même âge et, d'autre part, qu'un déficit en analyse phonémique s'observe chez de futurs dyslexiques, avant l'apprentissage de la lecture. Ces difficultés suggèrent l'existence d'un déficit très basique de la perception des sons de la parole. Certaines études ont en effet montré que les sujets dyslexiques présentent des difficultés de perception de catégories de sons. Ils font ainsi un plus grand nombre d'erreurs que leurs homologues normolecteurs quand ils sont confrontés à des paires de syllabes qui diffèrent par un seul trait phonétique (ex. : /ba/ et /da/).

– **La théorie visuelle**

L'hypothèse selon laquelle la dyslexie résulterait de difficultés particulières à traiter des signaux visuels rapides et de faible contraste semble actuellement abandonnée. En revanche, l'hypothèse d'un trouble de l'attention visuelle est actuellement proposée pour rendre compte de la dyslexie de surface. Un déficit visuo-attentionnel rendrait compte de la relative incapacité à effectuer un traitement global de la forme orthographique des mots écrits : une réduction de la fenêtre attentionnelle à 2-3 lettres limite ainsi les possibilités de mettre en mémoire l'essentiel des formes orthographiques et, par conséquent, de développer un lexique mental suffisamment performant pour une identification des mots par voie directe.

– **La théorie motrice**

Cette théorie part de l'hypothèse d'un dysfonctionnement du cervelet. Son rôle peut en effet être incriminé dans des troubles subtils de la coordination habituellement observés chez les enfants dyslexiques. Ces troubles sont à l'origine de la dysgraphie (malformation des lettres). Ce dysfonctionnement pourrait aussi rendre compte de difficultés d'automatisation des procédures (procédures orthographiques en particulier) et de troubles articulatoires. Ces derniers sont fréquemment associés à la dyslexie et ils sont susceptibles, par des productions phonétiques déviantes, d'altérer les habiletés de mémorisation verbale à court terme et de conscience phonologique.

Ces différentes théories ne sont toutefois probablement pas mutuellement exclusives : la grande majorité des enfants dyslexiques présente en effet une symptomatologie très composite.

## B. Les circonstances du diagnostic

La dyslexie développementale est classiquement responsable d'un échec initial, sévère, total et d'emblée chronique de l'apprentissage de la lecture.

Le diagnostic pédagogique de « difficultés spécifiques d'apprentissage du langage écrit » (notion pédagogique) précède habituellement celui de « troubles spécifiques d'apprentissage du langage écrit » (notion médicale). Le diagnostic pédagogique repose sur le constat d'une relative incapacité à acquérir les processus spécifiques de lecture (les processus d'identification des mots écrits).

De façon caricaturale, il s'agit d'un « blocage développemental » à un stade logographique[51] ou à un stade alphabétique mal maîtrisé[52] affectant un enfant de CE1, voire de CE2. L'analyse des performances de lecture permet habituellement d'objectiver l'inefficience totale ou partielle du processus d'identification par médiation phonologique (voie indirecte ou d'assemblage). Pour des raisons de dépendance développementale[53], la voie directe est soit inopérante, soit « fantomatique » (de pure façade)[54], par le biais de compensations logographiques. Ces difficultés sont habituellement corrélées à des déficits cognitifs affectant la mémoire verbale à court terme et la conscience phonologique ; elles contrastent par ailleurs de manière saisissante avec la normalité des aptitudes cognitives globales.

## C. Le diagnostic de dyslexie développementale

La démarche spécifiquement médicale se situe dans le prolongement de celle des pédagogues. Le diagnostic pédagogique de « difficultés spécifiques » est examiné en référence aux critères d'exclusion de la définition en creux de la dyslexie. Cela suppose de soumettre l'enfant à des examens de la vue et de l'audition, ainsi qu'à un examen neurologique et psychiatrique. La recherche de déficits cognitifs évocateurs d'une dyslexie développementale fait intervenir les compétences de neuropsychologues et d'orthophonistes : il s'agit en particulier des troubles visuo-attentionnels, des troubles de l'évocation lexicale[55], des troubles de la conscience phonologique, des troubles de la répétition de pseudomots[56] et des troubles de la discrimination de catégories de sons.

En référence à l'approche neuropsycholinguistique de la dyslexie acquise de l'adulte, on classe traditionnellement les dyslexies en quatre sous-types selon la voie de lecture altérée.

– **La dyslexie phonologique** est la forme la plus fréquente (70 % environ des dyslexies). Elle se caractérise par un trouble sélectif

**51.** À défaut d'alphabétisation, l'enfant prolonge et renforce la stratégie logographique d'identification des mots écrits.

**52.** L'alphabétisation n'est que partielle. La voie indirecte (ou par médiation phonologique) n'est pas automatisée : l'enfant utilise des compensations logographiques.

**53.** Le développement de la voie directe (d'adressage ou orthographique) est lié à celui de la voie indirecte.

**54.** Un sujet peut en particulier identifier des mots connus (réguliers et irréguliers) en utilisant des compensations logographiques donnant une certaine illusion de lecture.

**55.** Recherche d'une information phonologique en mémoire à long terme, l'évocation lexicale est classiquement évaluée par un test de dénomination d'images.

**56.** Cette répétition est difficile, voire impossible, alors que la répétition de mots ne pose pas de problème. Il s'agit d'un signe révélateur de difficultés à segmenter un matériel phonologique.

de la lecture des pseudomots (voie phonologique, indirecte ou d'assemblage du modèle à deux voies), alors que la lecture des mots réguliers et irréguliers est relativement préservée (voie orthographique, directe ou d'adressage du modèle à deux voies). La dyslexie phonologique tend à se caractériser par l'importance des troubles associés du langage oral : troubles de l'évocation lexicale, troubles de la conscience phonologique[57] ou troubles de la mémoire verbale à court terme[58].

Les enfants dysphasiques qui gardent, au moment de l'apprentissage de la lecture, des troubles importants de parole méritent une attention toute particulière, car la lecture sollicite des traitements phonologiques qui font défaut à ces enfants. La difficulté qu'ils ont par exemple pour nommer les lettres de l'alphabet (T nommé « pé » ou « bé ») suffit à rendre l'acquisition des règles de correspondances grapho-phonologiques particulièrement laborieuse et source de confusions. Une méthode qui peut alors être proposée à ces enfants est la méthode mimogestuelle dont le but est de remplacer par des postures gestuelles spécifiques les lettres de l'alphabet, afin de réduire le risque de confusion phonologique.

– **La dyslexie de surface** est plus rare. Elle se caractérise par un profil opposé à celui de la dyslexie phonologique : la lecture de pseudomots n'est pas altérée, mais il existe un trouble sélectif pour la lecture des mots irréguliers qui sont le plus souvent régularisés (sous réserve que les pseudomots et mots réguliers aient la même « longueur » ou même nombre de lettres. Ex : Richol *vs* Oignon). La dysorthographie se manifeste par des erreurs qui ne respectent pas les règles de l'orthographe des mots. Les erreurs témoignent, le plus souvent, d'une surutilisation des correspondances lettres / sons (ex. « oignon » écrit sous dictée « wou-a-ni-on »). Les enfants présentant une dyslexie de surface n'ont généralement pas de troubles associés du langage oral. Leur langage oral s'est développé normalement. Ils ont une bonne mémoire phonologique à court terme et de bonnes habiletés métaphonologiques. Les difficultés associées sont le plus souvent d'ordre visuospatial ou visuoattentionnel, lors des changements de lignes au cours de la lecture d'un texte. Face à des mots longs, constitués d'un nombre importants de lettres (ex : « électricité », « supplémentaire »...), des omissions de lettres et des permutations de lettres sont généralement observées et traduisent ce défaut d'exploration visuospatiale.

Cette forme de dyslexie que l'on appelle aussi « dyslexie visuoattentionnelle » s'observe rarement de manière isolée (sans trouble ou difficulté associé). Elle s'observe le plus souvent chez des enfants qui ont une dyspraxie visuospatiale, chez qui les difficultés affectent les capacités à organiser, structurer et se

57. De nombreux travaux montrent en effet que les enfants dyslexiques n'appréhendent pas les sons de la parole de la même façon que les enfants normolecteurs. Une différence frappante réside dans la conscience phonologique, c'est-à-dire dans l'accès conscient aux unités de la parole (rimes, syllabes et phonèmes).

58. Les difficultés de conscience phonologique des sujets dyslexiques sont associées à un déficit de la mémoire verbale à court terme. Le nombre de syllabes rappelées à court terme est plus faible pour les dyslexiques que pour les normolecteurs. Toutefois, les résultats pour les tâches de mémoire visuelle avec du matériel non verbal (symboles, images, chiffres...) sont équivalents à ceux des normolecteurs.

représenter l'espace et qui se manifestent tout particulièrement dans les activités de dessins, d'écriture et de constructions. Le terme de « dyslexie visuo-attentionnelle » sert aussi à décrire les difficultés des enfants qui présentent un syndrome hyperactif avec trouble de l'attention. Ces enfants décrits comme précipités, impulsifs et distraits, utilisent de manière erratique leur « *spot light* attentionnel », qui peut alors se poser sur un élément non pertinent (mais qui « attire l'œil ») d'un mot ou d'une phrase, qui devient source d'erreur de lecture et de compréhension. La prise en charge de ce type de dyslexie repose sur la « rééducation » de l'attention visuospatiale, à partir d'exercices et de jeux d'exploration visuelle : repérage de cibles parmi des « distracteurs » dessinés sur une feuille, indiçage des marges et sauts de lignes pour guider le balayage visuel, indiçage de la première lettre ou syllabe d'un mot pour attirer l'œil au début du mot, comparaisons de séquences de lettres écrites, etc.

– **La dyslexie mixte** associe les troubles repérables dans les deux formes précédentes.

– La **dyslexie « lettre à lettre »** est rare chez l'enfant. Comme son nom l'indique, cette forme de dyslexie se caractérise par une utilisation exclusive de l'épellation. Le mot ou le pseudomot, qu'il contienne peu ou beaucoup de lettres, est lu toujours de la même façon : les lettres sont nommées une à une (ex : « maison » lu « m-a-i-s-o-n »). Il n'y a aucune mise en correspondance grapho-phonologique, ni de traitement global d'une syllabe ou d'un morphème. Au début de l'apprentissage de la lecture, on peut observer cette stratégie d'épellation. Mais elle ne dure pas chez l'enfant ordinaire. En revanche, cette stratégie peut persister et montrer son caractère anormal dès la fin du CP. Généralement, on l'observe chez des enfants qui présentent un retard intellectuel léger et dont les difficultés de raisonnement et d'abstraction sont suffisantes pour justifier une approche pédagogique plus spécialisée et adaptée.

## D. Le traitement de la dyslexie développementale

Les traitements proposés aux enfants dyslexiques croisent à des degrés divers trois stratégies principales :

– **la reprogrammation de compétences cognitives élémentaires** dont l'inefficience est corrélée aux difficultés de lecture. C'est l'objectif que se fixent, par exemple, les entraînements des habiletés de conscience phonologique, de mémoire verbale de travail ou de dénomination d'objets ;

– **le renforcement de capacités préservées** et le développement de procédures compensatoires. Il s'agit de s'appuyer sur des points forts de l'enfant dyslexique, comme le traitement visuel, pour lui permettre de construire un apprentissage de façon plus harmonieuse. On peut par exemple faire appel à une lecture visuelle pour court-circuiter le phonème, l'objectif étant de remotiver des enfants dont l'échec en lecture entraîne un désinvestissement massif des savoirs ;

– **la prise en compte des composantes émotionnelles et relationnelles** de la lecture, ainsi que de la dimension psychopathologique que l'échec de son apprentissage peut susciter[59].

La diversité parfois contradictoire des stratégies de traitement proposées est une conséquence directe de la multiplicité des modèles explicatifs de la dyslexie. Toutefois, malgré cette richesse théorique, les enfants dyslexiques sont confrontés à une relative pauvreté des propositions thérapeutiques. Ce constat est lié à l'insuffisance actuelle, voire à l'absence, d'évaluation rigoureuse des différents traitements permettant d'en établir l'efficacité et la validité, sur un mode autre que celui de l'empirisme.

**59.** Il convient toutefois de souligner que l'idée d'une psychogenèse affective des troubles d'apprentissage est aujourd'hui globalement abandonnée.

## EN RÉSUMÉ

Les signes langagiers remarquables repérables à l'école ou dans le cadre familial peuvent constituer l'expression d'un trouble du langage.

L'entité « trouble du langage » renvoie à une notion médicale dont le dépistage doit être articulé avec les pratiques du repérage scolaire.

Les modèles neuropsycholinguistiques constituent le cadre théorique de référence du dépistage.

Le dépistage, complété par un bilan diagnostique, a pour objectif de confirmer la notion de trouble et d'en identifier la nature, un trouble du langage pouvant être secondaire à une autre pathologie (surdité, déficience mentale...) ou pouvant être spécifique au langage.

Les troubles spécifiques du langage regroupent les troubles spécifiques du développement du langage oral (retards de parole et de langage, dysphasies) et les troubles spécifiques du développement du langage écrit (dyslexies). L'origine exacte de ces troubles reste en très grande partie inconnue.

# Bibliographie

Voici une liste (non exhaustive) des principaux ouvrages consultés.


- **Ballarin J.-L.** *Enfants difficiles, structures spécialisées.* Nathan Pédagogie, Paris, 1998.
- **Boysson-Bardies (de) B.** *Comment la parole vient aux enfants.* Odile Jacob, Paris, 1996.
- **Braun C.** *Neuropsychologie du développement.* Flammarion, Paris, 2000.
- **Carbonnel S., Gillet P., Martory M.-D. et Valdois S. (sous la dir.).** *Approche cognitive des troubles de la lecture et de l'écriture chez l'enfant et l'adulte.* Solal, Marseille, 1996.
- **Casalis S.** *Lecture et dyslexie de l'enfant.* Presses Universitaires du Septentrion, Lille, 1996.
- **Catach N.** *L'orthographe française.* Nathan Université, Paris, 1995.
- **Chevrie-Muller C. et Narbona J.** *Le langage de l'enfant. Aspects normaux et pathologiques.* Masson, Paris, 1999.
- **Despinoy M.** *Psychopathologie de l'enfant et de l'adolescent.* Armand Colin, Paris, 1999.
- **Gaonac'h D. et Golder C. (sous la dir.).** *Profession enseignant. Manuel de psychologie pour l'enseignement.* Hachette Éducation, Paris, 1995.
- **Gérard C.-L. et Brun V. (sous la dir.).** *Les dysphasies.* Masson, Paris, 2003.
- **Gérard C.-L.** *L'enfant dysphasique.* De Boeck Université, Bruxelles, 1993.

- **Gillet P., Hommet C. et Billard C.** *Neuropsychologie de l'enfant : une introduction.* Solal, Marseille, 2000.
- **Gombert J.-E.** et al. *Enseigner la lecture au cycle 2.* Nathan, Paris, 2000.
- **Grégoire J. et Piérart B.** *Évaluer les troubles de la lecture. Les nouveaux modèles théoriques et leurs implications diagnostiques.* De Boeck Université, Bruxelles, 1994.
- **Habib M.** *Dyslexie : le cerveau singulier.* Solal, Marseille, 1997.
- **Kail M. et Fayol M.** *Les sciences cognitives et l'école.* PUF, Paris, 2003.
- **Lambert J. et Nespoulous J.-L. (sous la dir.).** *Perception auditive et compréhension du langage.* Solal, Marseille, 1997.
- **Ministère de l'Éducation nationale.** *Qu'apprend-on à l'école élémentaire ? Les nouveaux programmes.* CNDP, Paris, 2002.
- **Ministère de l'Éducation nationale.** Bulletin officiel hors série n° 3 du 19 juin 2008.
- **Ministère de l'Éducation nationale / Ministère de l'Emploi et de la Solidarité.** *Plan d'action pour les enfants atteints d'un trouble spécifique du langage.* 2002.
- **Observatoire national de la lecture.** *Apprendre à lire.* Odile Jacob, Paris, 1998.
- **Pech-Georgel C. et George F.** *Approches et remédiations des dysphasies et des dyslexies.* Solal, Marseille, 2002.
- **Riegel B.** et al. *Grammaire méthodique du français.* PUF, Paris, 1994.
- **Rondal J.-A. et Seron X.** *Troubles du langage. Bases théoriques, diagnostic et rééducation.* Mardaga, 1999.
- **Sprenger-Charolles L. et Casalis S.** *Lire. Lecture et écriture : acquisition et troubles du développement.* PUF, Paris, 1996.
- **Sprenger-Charolles L. et Colé P.** *Lecture et dyslexie. Approche cognitive.* Dunod, Paris, 2003.
- **Tourrette C. et Guidetti M.** *Introduction à la psychologie du développement. Du bébé à l'adolescent.* Armand Colin, Paris, 1997.
- **Valdois S., Colé P. et David D.** *Apprentissage de la lecture et dyslexies développementales : de la théorie à la pratique orthophonique et pédagogique.* Solal, Marseille, 2004.
- **Van Hout A. et Estienne F.** *Les dyslexies.* Masson, Paris, 1998.

# Glossaire des principaux termes de linguistique et de psychologie

**Adressage (voie d')**

Procédure d'identification des mots écrits qui consiste à reconnaître un mot en le comparant à une représentation modèle mémorisée dans le lexique.
**Synonymes :** voie orthographique, voie directe.

**Assemblage (voie d')**

Procédure d'identification des mots écrits qui consiste à reconstituer un mot séquentiellement (de gauche à droite) à partir de ses éléments (graphèmes) et en utilisant la correspondance graphèmes / phonèmes.
**Synonymes** : voie d'identification par médiation phonologique, voie phonologique, voie alphabétique, voie indirecte.

**Articulation**

Ensemble des mouvements des organes articulateurs (essentiellement le voile du palais, le pharynx, la langue et les lèvres) qui agissent sur la forme des organes résonateurs (cavité du pharynx, fosses nasales, cavité buccale et espace interlabial) afin que le souffle soit modifié et que soient réalisés les différents sons de la langue (phonèmes).

**Conscience phonologique**

Capacité à isoler mentalement et à manipuler les unités sonores non signifiantes de la parole : phonèmes (unités segmentales), syllabes et rimes.

**Fonctions cognitives**

Les fonctions cognitives comprennent le langage, le raisonnement, la perception, la coordination motrice, la mémoire, l'attention et la planification. Elles dépendent de structures et de sous-systèmes complexes au niveau du système nerveux central.

**Fluence verbale**

Capacité d'une personne à donner oralement des mots appartenant à un champ phonologique (mots commençant par le même phonème) ou sémantique (noms de fleurs, d'animaux...) bien défini.

**Gnosie**

Faculté permettant de reconnaître par l'un des sens la forme d'un objet, de se le représenter et d'en saisir la signification.

**Graphème**

Lettre ou groupe de lettres correspondant à un phonème.

**Graphie consistante acontextuelle**

Les règles de correspondance phonèmes / graphèmes sont systématiques et indépendantes du contexte. Exemple : le phonème /p/ s'écrit toujours avec la lettre « p ».

**Graphie consistante contextuelle**

Les règles de correspondance sont systématiques dans le contexte où elles s'inscrivent. Exemple : la voyelle nasale /a/ s'écrit avec la lettre « m » devant « b » ou « p ».

**Graphie inconsistante contextuelle**

Les correspondances phonographémiques ne sont pas systématiques et dépendent du contexte dans lequel elles s'inscrivent. Exemple : il y a une règle dominante selon laquelle le phonème /s/ devant « e » ou « i » s'écrit avec un « s » et une règle minoritaire selon laquelle il s'écrit avec un « c ».

**Graphie dérivable de la morphologie**

Ces graphies le plus souvent muettes peuvent être dérivées par la morphologie (exemple : le « t » de « haut »). Les graphies « indérivables » ne sont pas justifiées par un lien morphologique évident (exemples : le « s » de « jus » ou le « t » du mot « appétit »).

**Langage**

Capacité spécifique de l'espèce humaine de communiquer au moyen d'un système symbolique (un système de signes permettant de se représenter la réalité en son absence).

**Langue**

Système symbolique permettant aux individus d'une même communauté de se comprendre et de communiquer.

**Lexique**
Le lexique est l'ensemble des mots « extériorisés » (lexique actif) et des mots compris par un individu (lexique passif).

**Linguistique**
La linguistique est l'approche scientifique du langage.

**Logatome**
Mot sans signification dans une langue donnée (par exemple, en français, « niro » ou « rikapé »).
**Synonyme** : pseudomot.

**Mémoire à court terme**
La mémoire à court terme définit un système mental dans lequel sont momentanément conservées et traitées les informations utilisées pour raisonner, comprendre et apprendre.

**Métaphonologique**
Se dit des capacités qui prennent l'activité phonologique elle-même comme objet de réflexion et qui permettent de choisir, contrôler et corriger l'émission des sons (voir **Conscience phonologique**).

**Métalinguistique**
Se dit des capacités « supérieures » qui prennent le langage comme objet d'étude et qui permettent de l'articuler, de le contrôler, de le corriger selon les règles lexicales, syntaxiques, sémantiques et pragmatiques.

**Morphème**
Les phonèmes sont organisés en morphèmes qui constituent les plus petits éléments porteurs de sens. On distingue les morphèmes lexicaux (ou lexèmes), qui constituent une marque d'appartenance à une famille de mots) et les morphèmes grammaticaux, qui constituent des marques des variations de la forme des mots selon les catégories du nombre, du genre, de la personne, du temps...

**Morphologie**
Partie de la grammaire qui étudie les problèmes relatifs à la formation des mots et aux variations de leurs désinences. Dans une acception traditionnelle, on oppose la morphologie à la syntaxe qui étudie la manière dont les mots se combinent pour constituer des unités plus vastes (syntagmes et phrases).

**Morphosyntaxe**
Étude des règles de combinaison des morphèmes pour former des mots, des groupes de mots et des phrases.

**Mot**
Unité porteuse de sens et constituée au minimum d'un morphème.

**Mot irrégulier**

Un mot écrit est dit « irrégulier » lorsque sa forme orthographique n'est pas en stricte concordance avec sa forme phonologique (ex. : le mot écrit « chorale » se prononce /koral/).

**Mot régulier**

Un mot écrit est dit « régulier » lorsque sa forme orthographique concorde avec sa forme phonologique (par ex. : le mot écrit « lavabo » se prononce /lavabo/).

**Parole**

La parole constitue la partie substantielle de la langue orale ; elle correspond à la manipulation du code phonologique.

**Perception catégorielle de la parole**

Classiquement, la perception catégorielle est observée à l'aide d'un continuum sonore et de deux protocoles. Le continuum est constitué à ses extrémités de deux syllabes qui diffèrent par un indice acoustique donné (ex. : /ba/ et /da/). Par exemple, l'indice acoustique distinctif pour les consonnes occlusives telles que /b/ et /d/ est le « délai d'établissement du voisement » qui correspond à la durée séparant le relâchement de l'air comprimé de la mise en vibration des cordes vocales. Plusieurs items intermédiaires permettent de relier les extrémités (ex. : un continuum peut être structuré sur quatre stimuli dont deux stimuli intermédiaires séparés par une frontière phonétique) par variations progressives et continues de l'indice distinctif.
Un premier protocole d'identification met en évidence une capacité de classification des sons de parole en catégories (le sujet nomme les syllabes entendues, par exemple /ba/ ou /da/ pour un continuum /ba/-/da/). Un second protocole permet de définir les différences juste perceptibles par comparaison des différents stimuli du continuum présentés deux à deux. Il apparaît alors que, pour une même variation d'un indice acoustique, l'auditeur ne discrimine pas, ou très difficilement, les différences acoustiques existant entre les stimuli acoustiques qu'il considère appartenir à une même catégorie phonétique. Par exemple, pour une même variation de l'indice distinctif, les syllabes /ba/ et /da/ sont discriminées alors que deux variants de la syllabe /ba/ ou de la syllabe /da/ ne le sont pas.

**Phonation**

Ensemble des mécanismes physiologiques et neurophysiologiques qui aboutissent à la production des sons du langage.

**Phonème**

Le phonème est la plus petite unité, dénuée en elle-même de sens, que l'on puisse isoler dans la chaîne parlée. La production de la langue orale française exploite une gamme de 36 phonèmes parmi lesquels on distingue 17 consonnes, 16 voyelles et 3 glides. Les voyelles sont toutes sonores (exemples : /a/ ou /i/). Leur production est accompagnée de vibrations des cordes vocales. Par ailleurs, lors de cette production, l'air ne rencontre aucun obstacle sur son passage dans la bouche. Chaque voyelle se définit par le degré d'ouverture, le lieu d'articulation, l'adjonction ou non d'une résonance labiale, et l'adjonction ou non d'une résonance nasale. Par exemple, la voyelle /u/ est une voyelle « fermée », à point d'articulation postérieur et comportant l'adjonction d'une résonance labiale (voyelle labialisée). Chaque consonne se définit par son mode d'articulation (soit occlusif avec fermeture totale puis ouverture brusque du canal buccal produisant un bruit d'explosion, soit constrictif avec un resserrement des organes produisant un bruit de friction), par son lieu d'articulation, par la présence ou l'absence de vibrations des cordes vocales (consonnes sonores dans le premier cas, sourdes dans le second), par l'adjonction ou non de résonance de la cavité nasale. Ainsi, la consonne /p/ est une occlusive sourde sans adjonction de résonance nasale et dont le point d'articulation est labial. Les glides, encore appelés semi-consonnes (ou semi-voyelles) sont phonétiquement très proches des voyelles. Exemples : /j/ dans « pion », /w/ dans « roi », /ɥ/ dans « nuit ».

**Phonétique**

La phonétique est l'étude, indépendamment du contenu linguistique, de la structure acoustique et des mécanismes physiologiques de production des sons de la parole. Sont dites également « phonétiques » les altérations de la parole secondaires à des atteintes anatomiques ou à des dysfonctionnements neuromusculaires qui perturbent la production des phonèmes.

**Phonologie**

La phonologie a pour objet l'étude des aspects fonctionnels des sons de la langue conçus en tant qu'unités discriminantes de sens. Elle a pour but de déterminer, pour une langue donnée, les distinctions phonétiques qui ont une valeur différentielle (par exemple, la distinction de sens entre les mots « banc » et « dent » est liée à l'existence d'une distinction phonétique entre les phonèmes /b/ et /d/). Elle établit aussi pour cette langue le système de phonèmes.

**Pragmatique**

La pragmatique est la branche de la linguistique qui traite de l'incidence du contexte sur la production et l'interprétation des énoncés et des séquences d'énoncés. La fonction pragmatique du langage est la fonction qui s'exerce dans le cadre des interactions sociales.

**Praxie**

Système de mouvements coordonnés en fonction d'un résultat ou d'une intention.

**Prosodie**

Partie de la phonétique qui étudie l'intonation, l'accentuation, le rythme, les pauses, la durée des phonèmes, la « mélodie » des mots et / ou des phrases.

**Psycholinguistique**

La psycholinguistique a pour objet l'étude des processus intellectuels (mémoire, attention, raisonnement, affectivité) impliqués dans la production et la compréhension du langage.

**Remédiation**

Tout apprentissage nécessite une « médiation » mise en œuvre en direction d'un « naïf » (l'apprenant) par un « expert » (le pédagogue). L'échec de cette médiation conduit à une « remédiation » dont la cohérence est liée à l'analyse préalable des raisons de l'échec initial.

**Sémantique**

La sémantique a pour objet l'étude du sens des productions linguistiques (ou des sens, si l'énoncé est ambigu).

**Syntagme**

Constituant syntaxique de la phrase (syntagme nominal ou syntagme verbal).

**Syntagmatique (axe)**

En linguistique, l'axe syntagmatique désigne l'axe « horizontal » qui donne sens aux mots par le contexte où ils se trouvent dans le texte ou le discours oral. À l'opposé, l'axe paradigmatique ou « vertical » donne sens aux mots par leur remplacement par des synonymes.

**Syntaxe**

La syntaxe traite des combinaisons de mots dans la phrase.

**Vocabulaire**

Le vocabulaire correspond au lexique « actif » d'un individu. Voir **Lexique**.